통쾌한
희곡의 분석

통쾌한
희곡의 분석

희곡을 제대로 읽는 방법
A Technical Manual for Reading Play

데이비드 볼 지음
김석만 옮김

연극과인간

Backwards and Forwards

추천사

희곡의 독자들은 대부분 희곡의 내용이 무대에 올려지게 될 장면을 상상하면서 희곡을 읽을 것이다. 그런데 나는 영국 버밍엄 레퍼토리 극단에서 배리 잭슨 경 Sir Barry Jackson을 만나고서 모두가 그렇지 않다는 사실을 발견하였다. 영국 연극계의 마지막 대가일지도 모를 그분과 함께 작업을 해 본 기회는 아주 특별했다. 그분은 무대에 올려진 장면을 보면서 희곡의 내용을 떠올린다고 하니 말이다.

최근에 나는 그에게서 배운, 어쩌면 좀 이상하게 여길지도 모를 희곡 분석의 접근 방법을 테스트 해볼 기회를 갖게 되었다. 바로 얼마 전에 막이 오른 노엘 코워드 Noel Coward의 『블리드 스피리트 Blithe Spirit』라는 공연을 관람하고 조언을 해달라는 청을 받게 되었을 때의 일이다. 나는 희곡을 읽지 않은 채 공연을 세 번이나 보았다. 객석에 편안히 앉아서 작가의 의도, 때로는 공연에서 사라져 없어져 버리기도 하고 때로는 다행스럽게 장면에 고스란히 스며들어 있는 작가의 의도를 파악하려고 노력해 보았다. 작가의 작품, 희곡의 핵심에 다가가려고 애를 쓰던 중 배리 경이 사용한 방법론, 즉 공연을 통해 작가의 의도를 이해하고 파악하려는 방법론이 보통의 방법론보다 더 효과적이라는 사실을 발견하고 놀라게 되었다. 그 방법론이 바로 데이비드 볼이 이 고마운 책에서 서술하고 있는 방법론이다. 다른 어떤 방법보다 훨씬 우수하다는 사실을 자신있게 말할 수 있다. 배리 경이나 데이비드 볼의 방법론이 효과적이기 위해선 희곡은 마땅히 무대에 올려져야 한다는 조건이 전제되어야 한다.

　이 책 『통쾌한 희곡의 분석』의 유용성은 희곡 스크립트가 문학일 뿐 아니라 연극 공연의 기초적 자료라는 점을 밝혀준다는 데 있다. 또한 이 책은 희곡이 구조적 특징, 즉 음악 스코어에 견줄 수 있는 구조적 성격을 지닌 대본이라는 점을 밝히고 있다. 문학과 연극에는 아주 큰 차이가 있다. 희곡 한 편에는 음향, 음악, 움직임, 표정, 역동성 등이 무대 위에서 드러나기 위해 깊이 감추어져 있으며 그러한 성질들은 문학적으로 읽거나 분석하는 것만으로는 드러나지 않는다. 이 작은 책을 살펴보는 것은 숙련공의 연장통에서 연장을 들추어봄으로써 그의 숙련된 기술을 탐색하는 것과 같아 보인다. 희곡을 처음 읽기 시작한 (또는 알기 시작한) 초보 독자들에게 이 책은 희곡을 읽는 것에 관한 거의 모든 것을 종합해 낼 수 방법론을 제공할 것이다. 보다 경험이 많은 독자들에게는 보다 다채롭고 개성적인 탐구를 가능하게 함으로써 희곡의 본질에 다가가는 길을 밝게 안내해 줄 것이다.

1982, 뉴욕에서

줄리아드 대학교

마이클 랭함 Michael Langham

그러다가 임금은 얼굴빛이 달라졌다.
떠오르는 생각들이 그를 놀라게 한 것이다.
허리의 뼈마디들이 풀리고 무릎이 서로 부딪쳤다.
임금은 큰 소리를 질러 말했다.
"누구든지 저 글자를 읽고 그 뜻을 밝혀 주는 사람은
자주색 옷을 입히고 금 목걸이를 목에 걸어 주리라."

『성경』다니엘서 5장 6-7절*

폴로니어스   전하 무얼 읽고 계십니까?
햄릿   말, 말, 말…
폴로니어스   무슨 일이 있으신지요…?
햄릿   일…? 일이라니, 누구한테?
폴로니어스   아니, 뭐 읽고 계신 게, 무슨 문제라도…?
햄릿   이봐요, 당신 말이야, 게 알지? 게처럼 뒷걸음질해서
             뒤로 가 보라구, 그럼 나처럼 다시 젊어질 테니까
폴로니우스   (방백) 아니 미쳤구나. 단단히 미쳐버렸어…

『햄릿』제2막 2장

*『성경』, 한국천주교주교회의 성서위원회, 2005.

저자 서문

이 책은 희곡을 무대에 올리는 사람들—배우, 연출가, 디자이너, 희곡작가, 공연예술가—을 염두에 두고 썼다. (희곡의 목적이 무대에 올려지는데 있다는 점에 동의한다면, 단지 희곡을 읽기만을 원하는 분들에게도 도움이 되는 책이기도 하다. 그래도 저자는 희곡을 무대에 올리는 분들을 위해 썼다는 점을 분명히 해두고 싶다.) 한 편의 스크립트는 대화체로 된 단순한 산문적 서사가 아니다. 무대를 위해 특별한 방법과 기술을 가지고 쓴 실용적 작품이다.

이 책은 희곡의 구성요소가 어떻게 작용하는지를 깨닫게 하기 위해 희곡을 분석적으로 읽는 테크닉—방법—을 제시할 것이다. 희곡이 무엇을 의미하는지는 고려대상이 아니다. 비유컨대, 연극예술가나 공연예술가에게는 시계가 어떻게 작동하는지를 아는 것이 지금이 몇 시인지를 아는 것보다 더 중요하다. 희곡의 구성요소들이 어떻게 작용하는지를 알고 난 후에 희곡의 의미를 발견하는 게 제대로 된 순서이다.

대본을 무대에 올리는 데 있어서 각자 맡은 역할을 제대로 하기 위해 희곡의 구조적 특징과 가치를 이해하는 일에서부터 출발해야 한다. 만일 이 작업을 분명하게 수행하지 못한다면 희곡의 특징과 가치를 관객에게 분명하게 알게 해 줄 수 없을 뿐만 아니라, 공을 들인 노력조차도 헛수고로 돌아갈 것이다. 연극은 예술가와 기술자, 그리고 스크립트의 조합이다. 자신이 이해하지 못한 내용을 무대 위에서 효과적으로 엮어낼 수는 없다.

연극을 전공하는 학생조차도 날이 갈수록 점점 희곡을 읽지 않는다. 희곡을 들여다보기는 하지만, 때로는 페이지를 앞, 뒤로 뒤적이며 살펴보기는 하지만 희곡의 구조와 의미를 제대로 파악하고 있는 사람은 소수에 불과하다. 제 아무리 재주가 있고 아주 특별한 훈련을 받은 배우라 하더라도 제대로 읽지 않으면, 희곡을 이해하지 못하기는 마찬가지다. 희곡을 제대로 읽지 못하는 디자이너는 아이디어는 찾아내지만 정확한 개념은 뽑아내지 못한다. 희곡 작가도 햄릿의 아버지 유령이 제1막 5장에 이르기까지 침묵하는 이유를 알지 못하면, 마음속에만 품고 있는 유령의 생각을 파악하지 못할 것이다. 연출가는 블로킹을 그려내기는 하지만 그 이상의 의미를 보여주지 못할 것이다.

종이에 적혀 있는 내용을 조금밖에 감지하지 못하는 연극 예술가는 무대에서도 조금밖에 풀어내지 못한다. 애를 쓰면 잘 될 거라고 믿는 경력의 소유자들은 '행동의 이름'으로 얻을 수 있는 것을 절대로 얻어낼 수 없다.

이 책은 희곡 대본을 읽어내는 기술에 관한 책이다. 기술이란 전공자들에게 언제나 환영을 받지는 못한다. 하지만 연기, 디자인, 연출의 분야에서 영감을 얻기 위해서 기술적 연마(수련)가 필요하듯이 지적이고 상상력이 풍부한 희곡 독회(읽기)에도 기술이 필요하다. 기술적 훈련이 없는 영감이란, 만일 그런 게 존재한다면, 단지 천부적 재능에 속할 뿐이라고 말할 수 있다. 만일 어느 예술가가 가진 게 영감뿐이라면 그러한 영감은 언젠가 그에게 가장 필요로 할 때 그를 버릴지 모른다.

이 책은 오직 기술만을 서술하고 있다. 독자 스스로 영감, 이해력, 상상력의 부분을 채워야 한다. 그것은 가르치거나 글로 서술하기 어려운 부분이다. 어쩌면 겨우 설명을 할 수 있을지는 모르겠다. 기술은 그러한 것들(영감, 이해력, 상상력)을 보다 분명하게 보여줄 것이다. 그래서 이 책에서 습득한 기술은 영감이 나타나지 않거나 이해력이 떨어질 때, 상상력이 막혀 있을 때를 잘 헤쳐 나가게 해줄 것이다.

기술은 다른 어떠한 연장과 마찬가지로 예술가의 최종 결정을 제한하지 않는다. 이 세상 어디에도 희곡에 대한 '단 하나의 올바른' 해석은 없다. 그러나 제대로 된 희곡 읽는 기술은 무대에 올릴 가치가 있는 효과적인 해석을 보장해 줄 것이다.

희곡 스크립트를 분석하는 일은 연극창조과정의 다른 분야에서도 그러하듯이 아주 많은 시간과 수고가 필요하다. 희곡을 올바로 읽어내는 기술과 부지런함이 있다면 예술가의 시장적 가치는 최고의 경쟁력을 가질 것이다. 만일, 배우라면 단번에 캐스팅 디렉터나 제작자, 연출가의 마음을 사로잡을 것이다. 만일 디자이너라면 배경만을 장식하기보다 제대로 된 디자인을 제시할 수 있을 것이다. 연출가라면 조연출에 머무는 게 아니라 '조'자를 떼고 진짜 연출을 할 수 있을 것이다. 제작자와 면접에서 그의 눈에 들어 당장 계약을 제안받을 것이다. 극작가라면 <희곡쓰기> 수업과제물을 뛰어 넘어 관객을 사로잡을 희곡을 쓸 자신감을 얻을 것이다.

윌리엄 셰익스피어의 『햄릿』이 자주 언급되는데 『햄릿』을 제대로 꼼꼼하게 읽기 바란다. 언제나 살펴볼 수 있도록 『햄릿』을 옆에 두고 가까이 하기 바란다. 몇몇 다른 희곡도 거론할 텐데 내용을 잘 모른다면 마치 과제물처럼 옆에 두고 읽어 주기 바란다. 내용을 모르면서도 짐작한다거나, 읽지 않고도 건너뛰는 식으로 자신을 기만하지 말자.

일단 희곡을 제대로 읽는 기술을 터득하고나면 어떤 희곡도 어렵게 느껴지지 않을 것이다. (어떤 희곡을 보더라도 겁을 집어 먹을 필요가 없다.) 오히려, 숙련된 희곡 읽기가 아주 특별한 즐거움을 준다는 점을 발견할 것이다. 숙련된 읽기는 바보 같은 읽기의 고된 노역과는 전혀 다른 차원에 속한다. 불행하게도 이러한 기술이 널리 알려져 있지 않을 뿐이다.

자주 등장하는 용어에 대하여 한마디 덧붙이지 않을 수 없다. 클라이맥스 climax[1], 불을 지피는 대목 point of attack[2], 대단원 denouement, 행동의 상승 rise of action, 행동의 하강 falling of action, 아리스토텔레스의 구성 Aristotle's plot, 등장인물 character, 사상 thought 등과 같은 용어는 그 밖의 수많은 용어와 함께 희곡 분석에 접근하는 다른 방법이 있음을 반영한다. 세상에는 이러한 용어들에 대한 똑 부러진 정의에 합의한 적이 없어 보인다. 더구나 이러한 의미를 희곡 분석에 적용하는 데 있어서는 더더욱 합의가 없어 보인다. 따라서 적용에 대한 상반된 견해가 존재한다는 사실은 용어의 의미를 무의미하게 만드는 게 아니라 오히려 용어의 적용에 좀더 세심한 배려와 주의를 기울이도록 만든다. 예를 들면, 클라이맥스는 감정이 개입한 가장 높은 지점을 의미하는가? 누구의 감정이 개입되어 있는가? 관객인가, 희곡의 주인공인가, 아니면 양쪽 모두인가? 아니면 행동에 반전이 일어나는 순간인가? 무대와 객석 양쪽은 항상 같은 위치에 놓여 있지 않다. 용어를 사용할 때 정의를 내려놓지 않으면, 용어에 대한 토론은 혼란을 가중시키고 엉뚱한 방향으로 결론을 유도할

---

1) 작품에서 대립하는 두 세력이 충돌하는 지점을 의미하는데 흔히 절정이라고 한다. 클라이맥스climax의 어원이 '사다리'라는 걸 알면 이해가 쉽다. (역주)
2) 희곡의 중요한 핵심이 무엇인지 관객이 알게 되는 순간, 불을 피울 때 불쏘시개를 넣어주지 않아도 불이 붙는 순간을 비유해서 만든 개념. (역주)

수도 있다. 용어에 대한 정확한 정의를 내린다고 하더라도 그 용어가 지칭하는 지점을 정확하게 찾아내는지도 배워야 한다. 그래서 특정한 분석적인 도구와 기술이 필요해지는 것이다.

아리스토텔레스를 이해하면 희곡에서 구성과 등장인물과 사상이 가장 중요한 요소라고 주장하기 쉽다. 그러나 구성과 등장인물은 결과로 나타나는 요소이지 분석의 첫 출발 단계는 아니다. 그것은 독자가 찾아내어야 할 결과에 대한 것일 뿐이지, 어떻게 찾아내야하는 방법은 아닌 것이다. 이 책은 "어떻게 찾아내느냐"에 관한 기술을 다룬다.

희곡의 구성은 연극의 다른 요소들의 산물이다. 드라마에서 등장인물은 분석을 시작하는 대상이 될 수 없다. 무대 위에서든지 실제 생활에서든지 등장인물은 파악하기 힘들고, 항상 변할 수 있어서 일정하지 않다. 등장인물을 이해한다는 것은 등장인물을 구성하고 있는 요소를 분석함을 필요로 한다. 아주 구체적이며 명백한 등장인물의 구성요소를 찾아야 한다.

아리스토텔레스가 주장한 사상도 그렇다. 희곡을 구성하고 있는 구체적인 요소들을 완벽하게 이해하기 전에는 희곡의 사상은 생각조차 하지 말라고 권하고 싶다. 이 책에서 설명하고 있는 구체적인 요소를 파악하고 나서 사상을 떠올리자.

플롯, 등장인물, 사상, 그리고 나머지 것들 모두, 조심스러운 분석의 결과를 설명하기 위하여 차용할 수 있는 유용한 용어들이기는 하다. 하지만 용어 자체가 희곡을 올바르게 분석하는데

이로움을 주는 최선의 방법을 제공하지는 않는다.

독자는 용어에 대한 구체적인 정의를 제각기 분명하게 파악하고 있을 필요가 있다. 왜냐하면 대부분의 용어는 방법론보다는 결과를 설명하고 있으며 모호함과 형체 없는 실체를 동시에 설명하고 있기 때문이다. 저자도 이 책에서 용어를 조심스럽게 정의해 가면서 사용할 것이다. 용어를 제대로 이해한다면 용어가 포괄하고 있는 방법론을 절반 정도는 이해할 수 있을 것이다.

대본 분석 작업은 정확함을 요하는 기술이다. 용어에 대한 이해가 분석의 연장이 될 것이며 연장을 가지면 정확하고 정밀한 사용법을 파악하게 될 것이다. 망치와 도끼를 구별하지 못하면서 어떻게 집을 지을 수 있겠는가. 심지어 나무조차 넘어뜨리지 못할 것이다.

차 례

제3부 작업의 비법들

제1부

형태

1. 무엇이 사건을 일으키는가?

What Happens That Makes Something Else Happen?

피터 퀸스, 우선, 이 연극이 뭘 다루는지 말해봐.
『한여름 밤의 꿈』 제1막 2장

희곡은 행동이다

희곡 한 편은 일련의 행동의 집합체이다. 희곡은 행동에 대한 것도 아니고 행동을 묘사하지도 않는다. 불은 화염에 관한 것인가? 불은 화염을 설명하고 있는가? 아니다. 불은 바로 화염이다. 마찬가지로 희곡은 행동인 것이다.

배우 actor를 왜 '액터, 행동하는 사람 actor'이라고 부르는지 생각해 보자. 자, 행동이란 무엇인가? 대본분석 작업에서, 행동은 특별한 존재의미를 지닌다. 어떤 일이 다른 일을 일으키거나 일어나도록 유발할 때 행동이 발생한다. 행동은 어떤 일이 다른 일을 이끌어내는, 즉 이어서 일어나는 두 개의 작은 사건을 일컫는다. 어떤 일이 다른 일의 원인이 되거나 일어나게 만든다. 예를 들어, 손에서 연필을 놓으면(행동의 절반) 연필은 바닥에 떨어진다(행동의 나머지 절반). 서로 연결된 두 작은 사건이 합쳐져서 하나의 행동을 이룬다.

만일 누가 "잘 지내요?"라고 묻는다면 이건 행동의 절반밖에 안 된다. 나머지 절반은 상대방이 "네, 그럼요."라는 대답으로 이루어진다. 첫 번째가 두 번째를 이끌면서 사건 두 개가 합쳐서 하나의 행동이 된다.

메르세데스 벤츠 자동차에 담겨있는 휘발유는 행동이 아니다. 자동차의 특징, 형태, 기계의 배열, 장식사양, 색깔, 달팽이 얼룩무늬 가죽 시트커버 등도 행동이 아니다. 벤츠 자동차가 행동과 관계가 있으려면 시동을 걸고 앞으로 나아가야만 한다. 한 장소에서 다른 장소로 이동할 때만 행동과 관계가 있다.

희곡의 역동성

그러므로 제일 먼저 발견해야 할 점은 희곡에 내재된 역동성을 발견해 내는 일이다. 우선 각 행동의 첫 사건을 찾아라. 그리고 그 다음을 찾고 그 둘 사이의 관련성을 발견해보자. 희곡의 탐색은 희곡에 담겨 있는 행동 추적에 포함되어 있으며 탐색 과정 자체도 재미를 느낄 것이다. 잘 쓰인 희곡은 마치 고급 샴페인과 우아한 접대와 기억에 남을 서비스를 제공하는 일등석 비행기 탑승과 같고, 잘못 쓰인 희곡은 이름 없는 시골 마을의 고장난 버스 탑승이나 다름없다. 그러나 좋은 연극과 나쁜 연극 모두에서 우리는 희곡의 사건이 발전되어 나아가는 방향의 처음부터 (혹은, 이 책에서 제시하듯이 방향을 바꾸어서라도) 사건의 상호 관련성을 파악하지 않으면 안된다.

자, 이제 시도해 보자. 『햄릿』에서 어떤 장면이라도 선택하여 행동을 탐색해 보자. **무엇이 사건을 일으키는가?** 다른 것들은 제쳐두고 이 질문만으로 시작해 보자.

다른 일을 이끌어내는 사건은 무엇인가? 만일 『햄릿』에 있는 모든 사건에 대하여 답을 할 수 있다면, 몇 년 동안 세미나에 참석한 것보다도, 또는 책장에 꽂아 있는 책들이 밝혀 주는 것보다도 희곡에 대하여 더 많이 알고 있는 셈이 된다. 아울러 자신의 언어와 자신의 방식으로 희곡을 파악하고 장악하게 될 것이다. 단순히 읽고 즐기는 것 이상으로 희곡을 무대에 올리려 한다면 이러한 과정은 필수적이다.

만일, 남의 방에 들어가 건물에 불이 났다고 외치고(1), 그를 대피시키면(2), 이것이 행동이다.

그런데 그를 대피시켜 놓고서(1), 그가 수집한 우표책을 훔친다면(2), 그것은 다른 행동이 된다.

그리고 그 우표책을 훔쳐서(1), 돈을 받고 팔아버리면(2), 그것 역시 다른 행동이다.

세 번째의 경우 우표책을 팔아치우지 않으면 훔치는 것만으로는 행동이 되지 않는다. 하나의 사건은 다른 사건이 필요하고 둘은 연결되어야 한다. 사건의 연결성을 제외하고 그 무엇이 희곡의 역동성을 설명해 줄 것인가?

다음의 사건으로 이어지는 연결고리가 없는 사건, 다른 사건에 영향을 주거나 결과를 미치지 못하는 사건은 미숙한 극작의 결과이거나 희곡을 제대로 읽지 못한 결과일 것이다. 인생에서나 무대 위에서나 서로 연결되지 않는 사건은 있으나마나한 사건이다. 인생의 문제는 제쳐놓더라도 있으나마나한 사건으로 연극에 생명을 불어넣기는 힘든 일이다.

만일, 누군가 상대방에게 무엇인가를 하도록 이끌었다면 두 사람은 하나의 행동을 갖게 된다. 만일, 누군가 방아쇠를 당겨 총을 발사해서 상대방을 넘어뜨렸다면 두 사람은 같은 행동을 공유한다. 희곡을 읽을 때 첫 번째 임무는 개별적 행동을 찾아내는 것인데, 행동에서 앞부분에 일어나는 사건과 뒤이어 일어나는 사건의 관계를 밝혀내는 것이다. 앞 사건을 **방아쇠** trigger, 뒤에 이어지는 사건을 **시체더미** heap라고 불러보자. 두 사건이 함께 있어야 한다. 방아쇠를 당기면 시체더미가 생겨야 하고, 시체더미를 발견하면 방아쇠를 당긴 사건을 찾아내야 하는 것이다.

매순간마다, 어떤 찰나일망정, 시작에서부터 끝까지 희곡작가는 일련의 행동을 고안해내어야 한다. 즉, 방아쇠와 시체더미, 또는 시체더미와 방아쇠 모두를 만들어내야 한다.

❑ **초점**: 사건이란 어떤 일이 발생하는 것이다. 한 사건이 다른 사건을 유
발하거나 어떤 일이 일어나게 만들었다면 두 사건은 함께 하나의

행동을 구성한다. 행동은 마치 벽돌과도 같이 희곡이라는 구조물을 쌓아올리는 기본 단위 building block가 된다.

2. 사건 다음엔 무엇이 일어나는가?
And What Happens Next?

밤이 가면 낮이 찾아오듯이, 어김없이…
『햄릿』 제1막 3장

사건의 연결고리

방아쇠를 당길 때마다 새로운 시체더미가 발생한다. (각각의 사건은 두 번째 사건을 일으키거나 일어나게 만든다.) 이것이 하나의 행동이다. 이제 시체더미, 즉 두 번째 사건은 다음에 이어지는 새로운 행동의 첫 번째 사건1), 방아쇠 역할을 한다.

첫 번째 사건: 햄릿의 아버지 유령은 자신이 당한 끔찍스러운 이야기를 털어놓는다(제1막 5장). 두 번째 사건: 햄릿은 일생을 복수에 걸기로 작정한다. 이 두 사건 사이의 연결고리를 발견하도록 장면을 꼼꼼히 읽어보자. 그리하여 두 번째 사건이 어찌하

---

1) 원문의 event를 사건으로 번역하였다. 이것은 줄거리가 있는 큰 사건이 아닌 아주 작은 '어떤 벌어진 일'이란 의미의 사건을 의미한다. (역주)

여 다음에 벌어지는 행동의 첫 번째 사건이 되는지 살펴보자.
(앞 사건의 시체더미가 다음 사건의 방아쇠 역할을 한다.) 복수
에 대한 햄릿의 맹세는 새로운 시체더미로 이끈다. 그는 동료들
에게 비밀을 지키도록 맹세하게 만든다.

무엇이 바로 다음의 행동인가? 첫 번째 사건: 햄릿은 동료들
에게 비밀을 지키도록 맹세하게 만든다. 두 번째 사건(햄릿이
그 다음에 하는 일): 그는 오필리어에게 이상한 짓을 한다. 만일
이 행동의 두 번째 사건(시체더미)이 어떻게 하여 다음에 일어
나는 행동의 첫 번째 사건(방아쇠)의 역할을 하는지 발견할 수
있다면, 즉 햄릿이 오필리어에게 하는 이상한 짓으로 말미암아
햄릿이 의도하는 바를 알아차릴 수 있다면, 희곡분석의 핵심에
도달하는 길에 들어선 셈이 된다. 물론 앞으로 해석의 여지는
폭넓게 남아 있더라도 방황하지는 않을 것이다.

만일 사건들 사이에서 관련성을 발견할 수 있다면, 단계별로
연결된 행동을 따라가다가 마지막에 이르러 커다란 시체더미를
발견해 낼 수 있다. 관련성을 발견할 수 없다면 제아무리 등장
인물을 잘 이해하고 희곡의 의미나 프로이트적 해석, 철학적 배
경, 또는 작가의 세계관을 잘 알고 있다고 하더라도 희곡을 무
대에 올릴 수 없을 것이다. 그러나 불행하게도 현실에서는 사건
사이의 연결성을 알아내지 못하고도 무대에 올리는 공연을 막
을 길이 없다.

간단한 실험을 하나 해 보자. 도미노 하나를 세워 보자. 그

옆에 다른 도미노 하나를 더 세운다. 첫 번째 도미노를 밀어보라. 만일 제대로 간격을 두고 배열하였다면 두 번째 도미노를 쓰러뜨릴 것이다.

도미노의 연쇄반응

희곡은 일련의 도미노와 같다. 하나의 사건은 다음 사건의 방아쇠가 되어 지속적으로 연쇄반응을 한다. 처음부터 이러한 방법으로 희곡을 읽는 것은 어렵다. 마치 수동 기아변속장치를 장착한 자동차로 운전연습을 시작하는 것처럼 어려울지 모른다. 초보자가 수동 기어를 넣고 빼는 걸 배우는 건 결코 쉽지 않다. 오직 연습만이 기술의 가치를 알게 해준다. 자신에게 잠재되어 있을지도 모를 재능을 믿고 첫 단계를 거치지 않고 넘어가려고 자신을 속이지 말자. 첫 단계야말로 기본 토대다.

도미노를 염두에 두자. 누군가 어떤 사람의 방에 들어가 불이 났다고 외쳐댄다. 방주인은 공포에 질려 도망친다. 그래서 방주인의 우표책을 훔친다. 우표책을 전당포에 가지고가서 돈으로 바꾼다. 다음에 병원으로 가서 돈을 주고 아이를 입원시켜 수술을 받게 한다. 의사는 수술을 하고… 이러저러하게 계속되어 나중에는 시체더미가 쌓이는 곳에 도달하고 마지막엔 결혼식으로 막을 내릴지도 모른다.

어떤 때는 도미노의 진로는 가운데에서 여러 경로로 나뉠 수도 있다. (방아쇠 한 방이 동시에 여러 시체더미로 이끌 수도 있다.) 도미노에서 도미노로 전해지는 각각의 경로를 주의 깊게 살펴본다면, 즉 인접해 있는 도미노 사이의 연결성을 파악한다면 혼란을 염려하지 않아도 좋다. 이런 식으로 분석을 한다면 어떠한 복잡한 경로를 가졌다고 해도 좌절하지 않을 것이다.

핵심은 인접해 있는 도미노들에 있다. 개별 도미노는 충돌하여 바로 다음의 도미노로 연결된다. 한 단계를 건너뛰는 법이 없다. 하나의 도미노에서 다음 도미노 사이의 연결을 발견할 수 없다면(하나의 도미노가 어떻게 왜 다음의 도미노를 쓰러뜨리는지를 발견할 수 없다면) 거기에는 극작의 문제이거나 희곡 읽기의 문제가 있다. 또는 둘 다 있을 수 있는 일이다. 적어도 무엇이 문제인지 알아낼 수 있다. 이것이 문제를 푸는 첫 번째 단계이다.

순차적으로 일어나는 도미노 현상에 따르는 분석은 희곡에 대한 잘못된 선택을 하지 않도록 도와줄 것이다. 예를 들면 오랫동안 『햄릿』을 잘 알고 있다고 믿은 주석자들은 주인공 햄릿이 아무런 행동도 취하지 않는다고 주장하였다. 그러나 희곡의 1막과 2막을 도미노 연쇄반응의 방법으로 분석해 본다면 햄릿은 우리와 같은 보통사람들이 일년에 계획하는 행동보다 훨씬 더 많은 행동을 직접 이끌어가고 있다는 사실을 알게 될 것이다. 셰익스피어를 모욕하는 자들이 바로 박식한 주석자들이라니! 셰익스피어가 그의 작품을 보러 온 관객들을 몇 시간 동안 아무런 짓도 취하지 않고 있는 등장인물을 보게 만들게

했을 것인가? 그것이야말로 아무런 행동을 취할 수 없는 자만이 할 수 있을 것이다. 어찌 햄릿이 아무런 행동을 취하지 않는다고 말하다니 믿어지지 않는다.

만일 오류를 범한 주석자들이 오늘날 우리가 알고 있는 방법을 알고 있다면, 그들은 햄릿이 아무런 행동도 취하지 않고 있는 게 아니라 목적을 이루기 위해 할 수 있는 거의 모든 걸 다 하고 있음을 발견할 것이다. 순차적으로 일어나는 행동의 분석은 오해를 막아주며 희곡의 핵심에 다다르는 대문을 열어준다.

> ❏ **초점:** 하나의 행동은 두 사건을 포함한다. 방아쇠와 시체더미. 각 시체더미는 다음 행동의 방아쇠 역할을 한다. 그래서 행동은 일정한 간격으로 세워져 있는 것들을 차례로 넘어뜨리는 도미노와 같다. 순차적인 분석은 희곡을 처음부터 끝까지 도미노를 하나씩 따라가듯이 분석해 들어가는 것을 의미한다.

3. 거꾸로 읽어 보기
But Do It Backwards

덤벼, 덤비라구,
옹졸하고 못난 벌레 같은 놈들아!
『말괄량이 길들이기』 제5막 2장

뒤를 돌아보라

누군가 남의 방으로 걸어 들어갈 수 있지만, "불이야!"라고
외치지 않아도 된다. 그 대신 그는 제 몸을 칼로 찌르거나 제
발을 부딪치거나 책을 읽거나, 주인의 신발을 칭찬해도 된다.
이게 자유의지에 대한 것이다. 누군가 "불이야!"라고 외친다고
해도 집주인이 방을 빠져나갈 거라고 단정짓지 않아도 된다. 주
인은 우표책을 건지려고 창밖으로 집어던진 다음에 소방서에
연락할 수도 있기 때문이다.

앞으로 쓰러지는 도미노를 관찰하는 식으로만 희곡 작품을
분석한다면 모든 것은 자의적인 해석에 내맡기게 된다. 예를 들
어 보겠다. 누군가 서점에 들어가(1), 희곡 코너를 찾고(2), 바로
이 책을 집어서(3), 책값을 지불하고(4), 밖으로 나온다(5) 그러

나 다른 사람은 서점에 들어가(1), 과자 판매대를 찾을 수도 있다(2). 또는 책이 쌓여 있는 곳으로 가서(2), 무슨 이유에서인지 화를 낸 다음에 달아날지도 모른다(3). 어쩌면 이 책을 집어 들고, 책값을 내지 않고, 손에 들고 들어간 『윤리란 무엇인가』라는 책 밑에 숨겨서 몰래 서점을 빠져나올지도 모른다. 책을 훔치는 데 성공했을 수도 실패했을 수도 있다. 인생은 계속되는데, 앞으로만 나간다면 전혀 다음을 예측할 수 없다.

그러나 이미 일어난 사건을 거꾸로 살펴본다면, 즉 도미노가 어떻게 쓰러졌으며, 어떤 도미노가 어떤 것을 넘어뜨렸는지를 살핀다면 사건이 일어난 과정을 분명하게 알 수 있다. 계산대에서 책값을 지불한다는 사실은(4) 먼저 책을 집어 드는(3) 사건이 있어야 한다.

앞으로 나아감은 예측하기 힘든 가능성들을 허용한다.
거꾸로 돌아감은 필요한 것이 무엇이었는지를 드러낸다.

현재에서 과거를 살펴보자

현재는 특정한 과거를 불러내며 동시에 요구한다. 하나의 특정한, 식별할 수 있는 사건은 어떤 다른 사건 앞에 놓여 있기는 하지만 다음에 일어날 수 있는 게 무엇인지는 누가 감히 장담할 수 있겠는가? 무슨 사건이든지 일어날 수 있다. 다음에 보게 될 게 이어질 문단의 내용인지, 화성에서 온 작은 외계인일지도 모른다. 사건을 뒤집어보기 전까지 확실하게 알 수 있는 것은 없다.

사건을 거꾸로 추적해 봄으로써 한 구석이라도 빈틈없이 희곡을 이해할 수 있다. 만일 일어난 사건과 연결성이 없는 어떤 사건을 발견한다면 이는 작가나 독자가 풀어야 할 문제가 생겼음을 알려준다.

『햄릿』에서 일어나는 사건들을 뒤집어서 추적해 보라. 이 작업이 시간이 많이 걸리거나 어렵다고 불평하지 말자. 연극 작업이 쉽다면 연극의 성공은 결코 놀라운 감동을 주지 못할 것이다.

제5막 마지막 부분부터 시작해 보자. 시체더미는 어디서부터 온 것일까? 시체더미 가운데 일그러진 왕관을 쓰고 칼에 찔린 상처자국이 난 자를 찾아보자. 그는 틀림없이 왕이다. 클로디어스는 죽었고, 말하자면 무너진 도미노이다. 무엇이 그를 무너뜨렸을까? "무엇이 결국 왕을 죽게 만들었을까?"가 아니라, "왕을 **바로 조금 전에** 무너뜨린 것은 무엇일까?" 라고 질문해야 한다. 바로 전에 일어난 사건은 무엇일까? 햄릿이 저지른 짓이 아닌가? 그렇다면 **바로 지금** 햄릿에게는 무엇이 일어났는가?

지금 일어난 일은 단 한 가지

햄릿에게는 수많은 사건이 일어났지만, 바로 지금 일어난 일은 단 한 가지다. 수많은 사건 가운데 예를 들자면, 유령이 나타나서 말을 걸어 온 사건이 있다. 그러나 이 사건은 이미 몇 막 전에 일어난 사건이다. 또 햄릿은 해적과 대적했지만(행동을 망설이는 인물에게 어울리지 않는 사건이 아닌가?) 이미 오래된 과거의 일이다. 해적도 유령도 왕을 쓰러뜨리도록 햄릿을 자극한 도미노가 아니다. 실제 도미노 게임과 같이, 하나의 사건은 바로 다음에 이어지는 사건에만 영향을 미치는 것이다.

가장 가까이에 쓰러져 있는 도미노를 살펴보자. 그 어떤 것도 빠뜨리지 말자.

햄릿이 클로디어스를 칼로 찌르기 바로 직전에 놓여 있는 도미노는 무엇인가? 레어티스의 대사 속에 들어 있을까?

레어티스   햄릿 전하, 전하도 목숨을 잃습니다.
어떤 해독제를 가져와도 소용없어요.
반시간도 남지 않았습니다.

제5막 2장 313-315행

놀랍도록 분명한 작품이 아닌가! 누가 혼동하겠는가? 복잡한 분석이나 철학도 필요 없다. 셰익스피어가 사용한 단어는 영어로 25개밖에 되지 않지만 햄릿은 꼭 죽게 된다는 말을 세 번이나 듣는다. 그러나 이것이 왕의 죽음에 관한 가장 가까이 위치한 도미노는 아니다. 클로디어스 왕을 칼로 찔러 죽이기까지는 아직 갈 길이 멀다. 만일, 햄릿이 죽게 된다는 말이 방아쇠 역할

을 하는 도미노였다면 햄릿은 곧바로 왕을 찔러야 한다. 그러나
그렇게 하지 않는다. 칼로 찌르라는 행동의 큐 사인을 받지 않
았다. 다행스럽게도 레어티스는 계속해서 말을 한다.

> **레어티스** 음모의 도구가 바로 전하의 손에 쥐어져 있어요,
> 날카로운 끝에 독이 묻어 있죠. 잘못한 행동은
> 도로 내게로 돌아왔네요. 전하, 전 여기 쓰러져서
> 다시는 일어나지 못하게 됐습니다.
>
> 316-319행

레어티스가 죽는다는 사실에 주를 달 필요는 없다. 하지만 햄
릿은 클로디어스를 죽이지 않는다. 아직도 국왕시해와 복수로
햄릿을 몰고 가는 도미노를 찾지 못했다. 레어티스의 말은 계속
되지만 도미노는 넘어지지 않고 그냥 서 있다. 여기서 긴장은
고조된다. 과연 그 도미노는 언제 쓰러질 것인가?

> **레어티스** 왕비마마도 독을 마셨어요.
> 전, 더 이상 견디기 힘듭니다.
>
> 319-320행

이제 객석의 어느 누구도 레어티스가 말을 계속하지 않으면
도미노도 없고 따라서 시체더미도 나타나지 않을 것을 알고 있

다. 그런데 여기에서 결정적 도미노가 등장한다. 미묘하지도 않다. 셰익스피어는 언제나 그러하듯이 폭발적으로 필요한 순간을 창조해 낸다. 레어티스가 다시 입을 연다.

레어티스　　저 왕! 저자가 그랬어요!

320행

바로 그 순간, 그 이전이 아닌 바로 지금, 햄릿은 지금까지 그가 목적했던 행동을 취한다. 바로 왕을 찔러 죽인다. 왕을 죽이는 행위는 적절한 도미노를 기다리고 있었으며, 그 도미노는 바로 앞의 도미노가 쓰러지면서 밀어주지 않았다면 쓰러질 수 없었다. 바로 이러한 방법으로 희곡의 첫 장면까지 거슬러 올라가 보자. 시체더미로부터 거꾸로 되돌아가보면 자극을 만들어 내는 도미노를 쉽게 찾아낸다.

바로 그 도미노 찾기

그렇게 찾아보자. 레어티스가 위에서 인용한 대사, "햄릿, 전하도 목숨을 잃습니다"를 하도록 만든 도미노는 무엇일까? 치명적인 상처를 입었기 때문일까? 그렇다면 그에게 치명적인 상처를 입힌 도미노는 무엇일까? 관련 있는 도미노를 따라가서 레어티스가 연극에 관여하게 되는 첫 순간까지 모든 도미노를 추적해보지 않는다면, 레어티스를 연기하거나, 연출하거나 어떤 경우에도 그 인물을 제대로 묘사할 수 없을 것이다. 햄릿의 경우도 그렇게 하지 않으면 가치 있는 희곡을 제대로 읽었다고 말할 수 없으리라.

『햄릿』속에는 평범한 중학생이라면 이해하지 못할 만큼 어려운 부분은 거의 없다. 확인해 보자. 지혜로운 분들이 걸어갔던 길을 주의 깊게 따라 가보자. 햄릿을 직접 조사해보자. 도미노는 도미노로, 단서는 단서로, 행동은 행동으로, 급박한 사건은 급박한 사건으로 거꾸로 뒤집어 추적해 보자. 햄릿의 행동을 시작하는 진정한 첫 출발지점까지 도달해 보자. 바로 유령이 햄릿에게 복수를 강권하는 그 순간까지. (제1막 5장)

희곡의 깊은 의미와 복잡성은 주석이 없더라도 혼란스럽지 않게 이해할 수 있어야 한다. 셰익스피어가 제공하는 단순하며 분명한 단계를 밟아나가면 작품의 구석구석 모든 부분을 제대로 파악하게 된다.

하지만 명심할 점은 사건을 건너뛰지 말라는 점이다. 바로 앞에 놓여 있는 가장 가까운 도미노를 찾아야 한다. 연결고리를 놓쳐서도 안 된다. 제1막 5장에서 유령이 햄릿에게 복수를 부탁했기 때문에 클로디어스를 죽이는 게 아니다. 햄릿은 복수를 거행하기 직전에 레어티스가 한 말을 듣고 나서야 클로디어스를 죽인다. 바로 그렇게 인접해 있는 연결고리들이 인생을, 그리고 드라마를 만들어낸다.

❏ **초점:** 행동에 대한 순차적인 분석은 거꾸로 뒤집어 볼 때 가장 유용하다. 작품의 끝에서 시작으로 거슬러 되돌아 가보는 것이다. 거꾸로 뒤집어 보는 방법은 모든 사건이 발생하는 이유를 제대로 파악하는 안목을 보장해 줄 것이다.

4. 균형과 방해
Stasis and Intrusion

난 꼼짝도 안할 거야, 마음대로 해 보라고 해!
『한여름 밤의 꿈』 제3막 1장

균형 stasis은 움직임이 없는 상태이다. 다양한 세력이 평형을 이루는 상태이며, 가만히 멈춘 상태이다. 변화가 없는 안정상태이며 힘의 균형으로 아무런 움직임을 기대할 수 없는 상태이다.

방해 intrusion는 밀고 들어오거나, 파고들거나, 강요함이다.

대본의 구조 안에서 도미노는 원자와 같다. 이제 한 걸음 물러서서 우리의 시각을 원자로부터 우주로 넓혀보자.

희곡의 세계에는 이 세상의 움직임이 새겨져 있다. 그 세계란 덴마크의 왕궁일 수도, 쓰레기 더미의 꼭대기일 수도, 혼란에 빠진 스코틀랜드나, 세 조각으로 나뉜 영국이거나, 마샤와 죠지가 사는 작은 대학촌의 전세방이거나 역병이 휩쓸고 간 고대도시 테베일 수도 있다.

희곡은 균형상태에서 시작한다

『햄릿』은 옛날 왕이 살고 있던 덴마크의 궁전을 보여준다. 거기에 햄릿이라 부르는 왕자가 있다. 그는 최근에 부왕이 서거했으며, 왕비인 어머니가 너무 일찍 재혼하였기 때문에 우울하게 지내고 있다. 이것은 균형 상태이다. 변하는 것은 아무 것도 없다. 모든 세력은 균형을 이루고 있는데, 선왕의 죽음을 개의치 않는 새 통치자, 우울한 왕자, 이를 걱정하는 왕비가 거기에 등장한다. 이들 가운데 어느 누구도 변화를 시도할 마땅한 이유를 가지고 있지 않다. 아주 완전한 균형상태이지만 무엇인가 다가오고 있다.

『오이디푸스 왕』은 고대 그리스 테베를 보여주는데 궁전 밖을 그리고 있다. 왕은 궁전 안에 있는데, 아마 왕비와 잠을 자고 있을 것이다. 궁전 밖에서는 전염병으로 고통을 받고 있는 백성들이 운집해 있다. 이 상황은 균형상태이다. 전염병의 고통에 더 참을 수 없는 백성들이 구제해달라고 청원을 하기 전까지는 그 세상에는 아무런 움직임이 없다. 변화를 위한 동기나 이유, 계기조차 없다. 아주 완벽한 균형상태이다.

『맥베드』는 옛 스코틀랜드를 보여주는데, 국왕을 위해 전쟁에서 용감하게 싸운 고귀하고 충성스러운 영주가 포상을 받으러 국왕에게로 가는 중이다. 그의 야심은 왕권과 국법에 대한 충성심과 조화를 이루며 합당하게 균형을 이루고 있다. 안전하고 신중한 균형을 이루고 있는 셈이다.

『리어 왕』은 옛 영국의 궁전을 보여준다. 왕위에서 물러나고 싶은 늙은 왕은 왕국을 세 딸에게 나누어 줌으로써 국사로부터 벗어나고 싶어 한다. 세 딸이 왕에게 진심으로 충성하고 있음을 증명해 보이려고 대대적인 행사가 준비 중이다. 이것이 균형상태이다. 예기치 않은 사건이 일어나지 않는다면 앞을 내다 볼 수 있는, 변화가 없는 상태가 지속될 것이다. 바로 균형상태이다.

리어 왕의 셋째 딸 코딜리어는 아버지에 대한 극진한 사랑을 표현하라고 요청을 받자, "아무런 할 말이 없습니다"(제1막 1장 87행)라고 대답한다. 균형이 무너진다. 리어 왕은 처음엔 당황하고, 마음에 상처를 입고, 나중에는 분노한다. 분노가 표출되는 순간부터 연극은 역동성을 띠기 시작한다.

누군가 방에 앉아서 독서를 하고 있다. 가끔 값나가는 우표책을 꺼내서 살펴보면서도 안전하게 보호받고 있음을 알기 때문에 안심한다. 그 사람은 균형상태에 놓여 있다.

연극의 처음에 소개되는 세상은 균형상태에 놓여 있다. 막이 오르기 전에 균형상태가 깨어지는 경우도 있기는 있지만, 그럴 때라도 이전의 균형상태가 어떠했는지는 알게 된다. 『시련』에서 마녀에 대한 첫 번째 보고를 접하기 이전에 세일럼의 생활이 어떠했는지 알고 있는 것과 같다. 그러한 이해가 없다면 마녀가 나타났다는 보고는 방해가 될 수 없다. **그렇다. 연극이 제대로 진행되기 위해서 방해는 불가피하다.**

방해로부터 변화가 시작된다

모든 희곡에서 새로 발생하는 사건이나 등장인물은 균형을 깨려고 소개된다. 유령이 나타나 햄릿의 아버지가 지금의 왕이자 삼촌인 클로디어스에게 부당하게 살해되었다고 폭로한다. 왕궁의 정문 계단 앞에서 백성들이 테베에서 역병을 물러가게 해달라고 울부짖는다. 마녀 세 명이 가마솥을 앞에 두고 춤을 추면서 알아들을 수 없는 소리를 지껄이더니 맥베드에게 코더의 영주라는 등, 왕이라는 등 소리 높여 외친다. 리어가 가장 아끼던 막내딸, 코딜리어는 위선으로 위장한 언니들(이들은 방금 말로 표현하는 것 이상으로 아버지를 사랑한다고 장황하게 아첨을 늘어놓았다)과 달리 아버지에 대한 사랑을 말로 과장하지 않는다. 누군가 조용히 책을 읽거나 우표책을 감상하고 있는 다른 사람의 방에 들어가 "불이야!"라고 외친다.

위와 같은 경우에 방해는 변화의 시작을 알리는 종소리다. 출발이다! 균형상태의 세상, 움직임도 없고, 변화도 없고, 싸움도 없던 세상은 행동의 도가니로 빨려 들어간다.

누군가 뒷마당에서 안전하게 우표를 붙이고 있는 중이다. 균형을 이룬다. 갑자기 커다란 새 한 마리가 하늘에서 날아와 그 사람을 발톱으로 움켜쥐고 날아가 바다로 날아가 바다에 빠뜨린다. 그 사람은 목숨을 구하려고 필사적으로 헤엄을 쳐서 해안에 닿은 다음에 차를 얻어 타고 마을로 돌아온다. 이러저러한 우여곡절을 겪으며 마침내 집으로 돌아오게 되고 새를 보낸 적으로부터 우표책도 무사히 돌려받는다. 다시 집으로 와서는 새들의 공격으로부터 지키기 위해서 담을 높이 쌓는다. **다시 균형상태로 돌아온다.** 다시 돌아온 균형상태가 처음의 균형상태와 동일한 것이거나 아니면 새로운 것이거나 간에 균형상태를 이루는 것이 모든 희곡의 목표이다. **희곡의 끝에 중요한 세력이 원하는 바를 성취하거나 아니면 추구하는 일을 그만두게 될 때 다시금 균형상태가 다시 찾아온다.**

햄릿의 변화

햄릿은 일단 유령의 얘기를 듣고 나자 그가 처음에 택했던 균형상태(행동을 하지 않은 절망상태)로 되돌아가는 데는 관심을 두지 않는다. 그래서 이 희곡이 소심한 남자에 대한 작품이라는 주장은 아주 잘못된 해석이다. 오직 희곡의 첫 균형상태에서만 의기소침을 보이고 있다. 방해는 변해야 하는 모든 것을 변하게 만든다. 『햄릿』에서, 유령이 제1막 5장에 등장한 이후로, 햄릿이 의기소침해 있다는 묘사에 관한 대사는 한 줄도 찾아보기 힘들다. 몇 세대에 걸쳐서 『햄릿』의 주석자들은 작품 전체를

균형상태로만 파악했으며 작품 전체의 해석을 의기소침(우울증)
에 근거하여 발전시켰다. 아, 그들이 희곡의 구조를 제대로 이
해했다면 얼마나 좋았을까! 유령(방해)이 재빨리 행동을 취하고
싸움에 나서라고 부추겼기 때문에 햄릿은 우울에 빠져 있을 시
간적 여유가 없다. 우울한 햄릿과 함께하는 저녁 공연이 연극적
이지 않은 것처럼 행동을 취하지 않는 햄릿과 보내는 저녁만큼
우울한 저녁도 없을 것이다.

모든 희곡에서 균형상태의 세계와 행동하는 세계의 차이를
자세히 살펴볼 필요가 있다. 그 차이점이야말로 작품을 몰고 가
는 힘에 빛을 더해 줄 것이며 우리를 우울하게 만들지 않게 해
줄 것이다.

먼저 균형상태가 있고 그 다음에 방해가 나타난다. 그 다음
에야 희곡을 이루는 모든 요소가 제 위치를 잡고 작동하게 된
다. 새로운 균형을 이룰 때까지 긴장감을 지닌 힘들은 서로 대
립한다.

균형과 방해의 관계

균형을 깨는 방해는 하나의 사건을 이루고 그 사건은 다른
사건의 원인이 된다. 그리하여 하나의 행동이 이루어진다. 등장
인물은 올바른 행동을 취하려 한다. 누군가 방에 들어와 "불이
야!"라고 외치면(1), 방주인은 살기 위해 방을 뛰쳐나간다(2).
새로운 균형을 확립하려고 애쓰는 리어 왕은 고집을 꺾지 않는

코딜리어를 추방하고 왕국을 거너릴과 레이건에게 나누어 준 다음에 여생을 행복하게 보내기를 희망한다.

만일 리어 왕이나 누군가가 첫 번째 방해에 대응해서 성공을 거둔다면 연극은 막을 내린다. 그러나 누군가 우표책을 훔쳐가는 사건이 이어지고, 거너릴과 레이건은 아버지를 따돌릴 다른 계획을 세운다. 그래서 우표책의 주인이나 리어 왕은 다른 노력을 더 기울여야 하고, 그래서 연극은 계속된다. 도미노는 계속해서 다른 도미노를 넘어뜨리고 결국에 가서 등장인물이 성공을 거두거나 더 이상 애를 쓸 필요가 없어지거나, 패배에 이르기까지 연극은 계속된다.

때때로 등장인물이 바라는 것과는 다른 균형상태가 생겨남으로써 연극은 끝나지 않는다. 맥베드는 마녀들에 의해서 예기치 않던 행동에 나서도록 부추김을 받는다. 그는 자신을 만족시킬 새로운 균형을 꿈꾸게 된다. 바로 왕위를 찬탈하는 것이다. 그러나 이것은 전혀 균형과 거리가 멀다. 오히려 극복해야 할 상황으로 변한다. 작용하는 힘들은 방향을 바꾸어 버려서 새로운 균형을 찾아야 한다. 그래서 연극은 계속된다.

단계의 순서를 기억하라. 균형, 방해, 그리고 방해로 시작된, 새로운 균형을 찾기 위한 싸움.

방해가 시작한 순간을 찾아서 그것으로부터 도미노를 주의 깊게 따라가 보자. 연극에서 행동이 작동하도록 방해가 야기한 힘과 에너지, 움직임의 핵심을 알아보자. 싸움의 목표, 즉 새로운 균형의 추구라는 목표를 정확하게 인식하라.

이러한 단계를 거친다면, 관객으로 하여금 뜬금없이 우울해하는 덴마크 왕자를 바라보거나, 쓸데없이 야망에 사로잡혀 군침을 흘리는 스코틀랜드의 영주를 바라보게 만드는 시간을 절약할 수 있게 만들 수 있다.

연극적인 균형은 아무 일도 일어나지 않는 상태가 늘 지속될 때 생겨난다. 연극적인 방해는 저항할 수 없는 힘이 풀려서 희곡을 움직여야 하는 바로 그런 순간이 발생할 때 일어난다.

이제 거역할 수 없는 힘들에 이끌려 햄릿(혹은 리어, 오이디푸스, 헤다, 윌리 로먼, 로미오, 바다에 빠진 당신, 맥베드)을 이해하게 되었는데, 제3막 중반에 이르러, 햄릿이 다시 한번 낙심하며 자살을 언급하는 것에 대해 크게 놀랄지도 모른다. 너무 놀란 나머지 그 유명한 "죽느냐 사느냐"(제3막 1장)라는 독백이 자살을 결심하려는 장면이라고 믿을지도 모른다. 심지어 그것이 독백이 아니라고 감지할지도 모른다. 그러나 햄릿은 엿듣는 사람이 있다는 사실을 알고 있다. 바로 왕의 심복 폴로니어스이다.

제3막 1장에 이르면 햄릿은 자살을 기도할 이유가 전혀 없고 그가 더 이상 낙심해 있지 않음을 알고 있다. 클로디어스와 폴로니어스는 햄릿의 진심을 모르는 반면, 햄릿은 그들이 자신에 대해 모르고 있다는 사실조차 알고 있다. 그렇기 때문에 햄릿은, 자신이 미쳤다는 사실을 그들이 쉽게 믿게 될 거라고 판단하는 것이다.

도미노 게임 기술을 이용하여 왜 햄릿이 자살을 계획하고 있는 것처럼 **꾸미고 있는지** 찾아보자. 우선, 첫 단계로 어떤 사건이 햄릿을 그 시간에 그 특정한 곳으로 오게 만들었는지 질문을 해 보자. (모두가 이 질문의 답을 알아차리게끔, 제3막 1장 29행에 나와 있다. 클로디어스는 "햄릿을 이곳에 오도록 몰래 시켜 뒀지"라고 설명한다.) 만일 햄릿이 자신이 불려 왔다는 사실을 알고 있으며, 폴로니어스가 최고 수준의 정보책임자(정말 햄릿이 알고 있을까? 어떻게 알았을까? 그러한 사실이 어디에서 드러나는가?)라는 사실을 알고 있다면 이 유명한 독백은 더 이상 독백이 아니다. 자신을 불러온 자들에게 듣게 하려는 햄릿의 계략이며, 제1막 5장에서 유령이 나타나 폭로한 덴마크의 부패한 상황, 뒤죽박죽 엉망진창이 되어버린 세계를 다시 균형 잡힌 세계로 구축하는데 필요한 클로디어스를 겨냥한 햄릿의 공작인 셈이다.

햄릿 독백의 진실

"죽느냐 사느냐"라는 독백을 행동을 포기하고 자살을 고민한다고 해석하지 않는 한, 햄릿의 공작은 마음대로 해석해도 좋다. 균형과 방해라는 측면으로 희곡을 구조적으로 분석해 보면 독백이 자살에 대한 고민이 아님은 분명하다. 셰익스피어가 창조한 인물 가운데 가장 지적인 등장인물로 여기는 햄릿이 어째서 죽음을 "어떠한 여행객도 돌아오지 않는 미지의 세계"라고 어리석게 표현했을까? 햄릿은 제1막 5장에서 만난 인물을 벌써 잊었단 말인가?

어떠한 희곡에 대해서도 상투적이거나 복잡한 추론을 받아들이지 말자. 우리는 예술가다. 자신만의 해석을 시도해 보자. 새로움을 추구하기 위한 창의적인 해석을 하거나 작품의 본질을 외면하라는 얘기가 아니다. 자신만의 해석을 내릴 수 있으며 그 해석이 작품을 거스르는 것이 아니라 오히려 작품에 빛을 더하게 만들어 줄 수 있는, 희곡을 읽어내는 기술을 터득하라는 얘기다.

자신이 가장 좋아하는 10편 정도의 희곡을 분석해 보자. 각 작품에서 처음의 균형을 찾아보고 다음에 방해를 찾아보자. 방해로부터 결말에 이르러서 나타나는 마지막 균형에 이르는 힘을 식별해 보자.

좋은 희곡은 이해되지 않을 이유가 없다. 어떤 거역할 수 없는 힘이라도 그렇게 할 수가 없다. 작품에 내재된 힘은 제대로 풀어놓기만 하면 하루 저녁 관객을 사로잡기에 충분하다. 관객을 딴 생각하게 만들지 않는다. **상충하는 힘의 대립과 추진력을 파악하는 안목을 키우자.** 만일 그런 안목이 없다면, 예술가들이 감동을 제공해 줄 것이라고 믿고 있는 죄없는 관객을 졸게 만드는 하찮은 예술가가 될 뿐이다.

❑ **초점:** 균형은 작품의 처음부터 존재해 온 희곡의 평형상태를 말한다. 방해는 작품의 갈등과 발전을 조장하는 힘을 분출시키거나 야기함으로써 그러한 평형상태를 깨뜨리는 힘이다. 대립하는 세력이 더이상 갈등하지 않거나 새로운 균형을 획득하면 연극은 끝난다.

5. 장애와 갈등
Obstacle, Conflict

존이여, 그대가 그럴듯한 장애물이 되었구나.
『헨리6세, 제1부』제5막 4장 17행

드라마는 갈등이다

연극에 대하여 말하거나, 글을 쓰거나, 작업을 하는 사람들은 작품해석에 의견일치를 보는 경우가 드물다. 하지만 단 한 가지, "드라마는 갈등이다!"라는 주장에는 대부분 동의한다. 그러면서도 『자에는 자로 Measure for Measure』가 희극인지 아닌지에 대해서 말다툼을 계속한다.

갈등 conflict이란 무엇인가? 모두들 이 단어는 너무 자주 사용하기 때문에 의미를 꼼꼼히 따져본 적이 거의 없다. 그래서 희곡 분석작업을 대충하고 넘어간다. 갈등은 드라마의 중심이므로 갈등이 무엇인지 분명하게 알고 넘어가야 한다.

아주 분명하게 짚어보자. **드라마의 갈등**이란 무엇인가? 드라마의 갈등은 하나의 사건이 다른 것과 부딪혀서 일어나는 일반적인 충돌이 아니다. 드라마의 갈등은 현실에 살고 있는 인간의 행동과 구별되지 않는 행동일 뿐만 아니라 그 행동에 깊이 뿌리 박혀 있는 특별한 종류의 상호작용이다. 어쩌면 갈등의 본질은 너무 단순해서 일반 독자들은 알아차리지 못할 수 있다. 그래서 때로는 갈등을 아주 다른 별난 것이라고 생각하기도 한다.

드라마에서 갈등의 역사적 기원, 그 간결한 설명

고대 그리스인들은 영웅숭배의식에서 당시에 사망한 그들의 전사, 지배자를 찬미하는 조사(弔詞)를 늘어놓고, 합창으로 애도를 표현하였다. 예를 들면 "오! 우리들의 신이시여!" 라고 코러스는 울부짖는다. "용감한 페스티클레스를 두고 우린 어떻게 살아가야 합니까, 저 북쪽의 유목민들을 제압하시고, 바다에서 해적을 물리치신 분…!" 이렇게 아테네 사람들은 눈물이 모두 메마를 때까지 반복해서 외쳐대었다. "오 페스티클레스여, 페디클레스의 아들, 팬티클래스의 자손이며, 누구 누구의 자손이신…" 낭송은 계속된다.

여기까지는 드라마적 갈등은 없다. 따라서 드라마가 아니다. 관객 앞에서 코러스가 노래를 불렀어도 드라마가 아니다. 관객에게 이야기를 해 주었다고 해도("아, 페스티클레스여, 그대는 폭풍우가 몰아치는 그날 밤에도 말을 달려 나가, 천하무적의 칼을 휘둘러 야만족의 머리를 베어 오셨도다!") 드라마가 아니다. 코러스들이 의식에 어울리는 의상을 차려입고, 무대 배경을 꽃 장식, 기둥, 나뭇잎들로 정성껏 장식하였다고 해도 아직 드라마가 아니다. 공연을 마치고 코러스가 관객의 박수갈채를 받았다고 해도 드라마를 한 것은 아니다. 왜냐하면 드라마의 가장 기본적 요소가 빠져 있기 때문이다. 코러스 무리에서 빠져나와 혼자 관객 앞에 섰다고 해서 서양에서 최초의 배우라고 일컫는 테스피스 Thespis조차도 아주 결정적인 요소를 빼 먹었다. 애초부터 드라마를 형성하는 가장 핵심적 요소가 빠져 있었다. 셰익스피어의 『한 여름밤의 꿈』에서 스노우트 Snout는 다음과 같은 대사를 뱉어냄으로써 우리를 드라마의 핵심으로 안내한다.

> 오늘 우리들의 막간극에서 우연한 사건이 벌어집니다.
> 여기 스노우트, 바로 제가 돌담을 맡게 되었는데요
> 어떤 돌담이냐하면, 이건 제가 미리 말씀드리는 건데요,
> 금이 가서 틈이 났는데, 즉 구멍이 뚫린 돌담입니다.
> 이 담을 사이에 두고 연인이 만납니다.
> 피라무스와 티스비는 가끔 만나, 몰래 속삭입니다.
> 여기 진흙, 벽돌조각, 돌들이 보이죠?
> 이게 제가 돌담이라는 사실을 말해 주고 있잖습니까?
>
> 제5막 1장 55-62행

스노우트와 달리, 죽은 페스티클레스를 애도하면서 칭송하던 고대 아테네 사람들은 다른 역할을 가장하지 않고, 자신 그대로

남아 있었다. 테스피스²⁾의 위대한 업적은 코러스 무리에서 앞으로 나와 혼자 관객을 상대한 것이다. **그의 위대한 발명은 위의 스노우트가 말한 대로 코러스의 무리에서 어떤 다른 역할을 가장하는 일이었다.** 테스피스가 페스티클레스의 역할을 맡기까지 그는 배우가 아니었다. 그가 입은 의상도 관객이 그를 페스티클레스로 보아 주기 전까지는 무대의상이 아니었다. 배경 막에 그려진 그림도 어떤 다른 장소를 **재현해냈을 때,** 극장 건물의 일부가 아니라 연극의 무대배경으로 받아들여졌다. 예를 들면 페스티클레스가 다른 나라 침략자들을 물리치던 바닷가를 나타내었을 경우를 말한다.

배우는 관객의 요구를 은연중에 받아들이는데 여기에 드라마의 기본이 놓여 있다. "나는 페스티클레스인 척할 것이다. 이 겉옷은 그가 입었던 옷이며 이 망토도 그의 망토이다. 여기는 그가 피를 흘리며 싸웠던 모래밭이다."

테스피스가 무대 앞으로 나와 "나는 페스티클레스이다"라고 말한 것은 엄청난 도약이었다. 그것은 새로운 도약이었고, 독창적이면서도 이루기 힘든 전진이었다. 왜냐하면 다른 사람으로 가장하는 것은 절대적으로 되돌리지 못할 어떤 조건들을 제시

---

2) 테스피스 Thespis는 고대 그리스 배우로 서양에서 처음으로 역할을 맡은 사람으로 되어 있다. 그는 디오뉘소스를 찬양하는 합창대원이었는데 합창대에서 튀어 나와 혼자서 가면을 만들어 쓰면서 다른 역할을 맡았다. 그의 행동을 기념하기 위해서 서양에서는 배우를 테스피안 Thespian이라 부른다. (역주)

하여야 하기 때문이다.

가장 중요한 조건은 관객들에게 그럴듯하게 보여야 하는 것이다. 역할을 맡은 배우는 관객에게 배우라는 사실을 눈치채지 않도록 애를 써야 한다. 한 마리 사자를 연기할 때, 얼굴에 사자 가면을 썼다면, 관객은 배우가 사자가 아니라는 사실을 계속 상기할 것이다.

믿음직스러운 행동

다른 사람의 역할을 맡을 때는 믿음직스러운 인간의 행동을 표현해야 한다. 만일 보통 인간들이 행하지 않는(혹은 경우에 따라서는 사자 역할을 한다고 해도) 행동을 하게 된다면 관객은 역할을 맡는 행위 act of impersonation를 받아들이지 않을 것이다. 그러한 가장은 실패한다. 시대를 넘어서 정말 그럴듯하게 보이려는 배우들의 시도는 한계를 넘고 넘어서 다양한 변화를 거쳐 왔다. 아무리 낮은 평가를 받은 시도라고 하더라도 **역할을 맡는 행위에 대한 믿음, 가장에 대한 믿음**은 연극에서 가장 중요한 요소이다.

이것이 갈등과 무슨 관계가 있을까? 연극의 등장인물은 말이 많다. 바로 이것이다. 말하기는 드라마에서 가장 흔한 행위이다. 말하기는 드라마, 등장인물, 연극의 진행에 관하여 관객이 알고 싶어 하는 모든 것을 전달한다. 물론 이러한 말하기는 역할을 맡는 행위를 믿게 하는 방법으로 수행되어야 한다. 그래서 희곡작가들은 등장인물들에게 말을 시킴으로써 눈에 띄는 인간의 행동을 반영하고자 한다. 희곡작가들은 언어를 강조하거나, 삼가거나, 해체하거나, 때로는 어색하게 표현하려고도 노력하는데, 역할 맡는 행위의 믿음을 폄하하려는 의도에서가 아니라 믿음직스러운 인간의 행동을 얻고자 하기 때문이다.

눈에 띄는 인간의 행동과 관련된 말하기란 어떤 것인가? 사람들은 무엇인가 얻기 위해서 말을 한다. 이것이 연극 언어의 중요한 핵심이다. 연극의 언어는 시와도 다르고 비연극적 산문과도 사뭇 다르다. 연극의 언어는 말하기를 배우는 어린이들에게도 몹시 중요하다. 아이들은 자신이 속한 환경을 지배하기 위하여, **자신이 원하는 것을 얻기 위해서** 단어를 배운다. 아마도 성숙이라는 것은 원하는 것을 얻기 위해 징징 짜는 것보다 더 나은 방법을 배우는 것에 지나지 않을지 모른다. 아이가 소리를 지르며 얼굴을 붉히거나, 혹은 어른이 소리를 높이며, "조용히 못해!"라고 말할 때, 양측은 모두 뭔가를 바라고 있는 것이다.

등장인물이 원하는 것은 말에 동기를 부여한다. 인간은 말하지 않은 것들도 생각한다. 사람들은 생각하는 많은 것들 중에서 원하는 것에 따라 말을 선택한다.

다른 식으로 보자. 아무 것도 원하지 않으면, 아무런 말도 하지 않는다. 드라마에서 모든 것이 실제 삶을 비추는 것은 아니지만, 이것만은 적용된다. 말하는 등장인물은 무엇인가를 원한다. 원하지 않는다면 말하지 않을 것이다. 인간본성에 대한 일반적 요소가 모든 드라마의 토대이다.

너무나 간단명료한 사실을 이해하기 위해서 길게 설명한 셈이 되었다. 이러한 사실의 보편타당성은 예술미학에 토대를 두고 있는 것이 아니라 드라마가 역할을 맡는 행위에 관계되기 때문에 얻어진다. 역할을 맡는 행위를 위해서는 그럴듯하게 보이지 않는 것은 당연히 피해야 한다. 욕구의 동기를 부여하지 않는 말을 가지고는 드라마를 그럴듯하게 만들 수 없다.

서툰 작가의 특기

그렇기 때문에 서툰 희곡작가는 애송이 배우들이 첫 대사에서부터 다음처럼 설명적인 대사를 외우게 만든다. "잘 알다시피, 그대는 나의 친구입니다." 이러한 표현은 등장인물의 입을 빌려서 등장인물의 욕구와 관계없이 희곡작가의 욕구를 설명하고 있는 것이다. (친절하게도 관객에게 직접 정보를 전달한다.)

무엇을 원하고 있는지는 말하는 방법을 결정한다. 원하는 것이 말을 결정한다는 말이다. 이러한 원칙을 모르는 희곡작가들은 끝없이 지껄이는 대사만을 만들어낸다. 이 원칙을 모르는 배우들은 긴장감 있는 드라마를 수다거리로 만들어 버린다. 원칙을 모르는 디자이너들은 극장을 디자인 패턴을 늘어놓은 장소로 사용한다. 이 원칙을 모르는 연출가는 목을 매야 한다. 무지한 연출가 때문에 교수대는 일년 내내 쉴 날이 없을 것이다.

장애물 obstacle은 등장인물이 원하는 것에 대한 저항이

다. 원하는 것과 그것을 얻지 못하도록 저항(장애)하는 것은 서로 충돌하여 극적 갈등을 창조한다.

극적 갈등은 다른 종류의 갈등과 구별된다. 소설의 갈등은 자유의지에 대한 운명의 대립일 수 있다. 시의 갈등은 젊음 대 늙음, 혹은 도시 대 시골일 수 있다. 그러나 희곡의 갈등은 등장인물의 욕구와 그 욕구를 방해하는 것 사이에서 일어난다. 그것이 장애물이다.

원하는 것이 말하는 방법을 결정한다. 사람들은 말을 통해서 그가 원하는 것이 무엇인지 나타내는데, 만일 그의 길에 어떠한 장애물이 놓여 있다면 장애물에 따라 말하는 방법도 달라진다. 장애물을 제거하거나 장애물을 돌아갈 수 있는 효과적인 방법으로 단어를 찾아내어 말을 할 것이다.

어린 아이가 목이 마르다고 해 보자. 그 아이는 마실 것을 찾는다. 장애가 생긴다. 마실 것은 건넌방에 있는데 아이는 가지러 갈 수 없다. 장애를 극복하기 위해서 아이는 소리를 높여 외친다. "아아!" 또는 "엄마!"를 부른다. 30년 후에 그는 훨씬 더 정교해진 표현을 만들어 낸다. "조니 워커 블랙에 얼음을 넣어 한 잔!" 두 경우 모두 말을 함으로써 장애를 극복하는 경우이다.

등장인물이 무엇을 왜 생각하고 있는지를 이해하는 것만으로는 충분하지 않다. 등장인물 왜 소리를 내어 말을 하는지를 알아야만 한다. 무엇을 요구하며 (동기), 무엇이 막고 있는가? (장애)

장애물은 보물이다

애석하게도 장애물은 쉽게 무시당한다. 서툰 배우들은 장애는 거들떠보지도 않고 동기만을 기억하려 한다. 그러나 장애에 대항하여 강하게 저항하도록 설정하지 않은 동기는 활기 없고, 관심을 끌지 못한다. 따라서 밋밋한 단어만을 남기게 된다. 저항이 없다는 것은 극적 갈등이 없음을 의미한다. 배우가 제아무리 애를 써도 드라마가 성립되지 않는다. 예를 들어 어느 농구경기가 마지막 2분밖에 남지 않았는데 점수가 95대 27이라면 그 경기는 더 이상 볼 가치가 없어진다. 장애 없는 동기란 이와 같은 것이다.

연출가 역시 쉽게 장애물을 잊어버린다. 『햄릿』의 작품 전체에서 왜 햄릿이 제3막에서 클로디어스를 찌르지 않는지에 대한 암시를 제1막에서 드러낼 줄을 모른다.

서툰 디자이너는 장애뿐 아니라 동기까지도 잊어버린다. 그래서 맥베드의 성은 죽음의 조짐을 나타내듯이 우울하고, 어둡게 만들려고 한다. 오직 멍청한 던컨 왕이 등장하여 유쾌한 기분과 환영에 대한 찬사를 늘어놓을 뿐이다. 이러한 오류는 특정한 인간의 행동을 이해하려하기보다 장면의 일반적인 분위기와 장면의 무드를 읽어내려 하기 때문에 비롯된다.

등장인물이 욕구를 가로막는 장애를 극복하기 위하여 어떤 단어를 사용하는지를 철저하게 깨닫기 전까지는 진정 희곡을, 연극을 안다고 장담할 수 없다. 왕국을 포기하려는 리

어 왕의 욕구처럼 중요한 문제이거나 하찮은 문제라고 하더라
도 말을 하는 등장인물에게는 그 말 이외에 다른 말은 있을 수
없다는 사실을 알아야 한다. 이러한 명백한 원칙에 의거하면 많
은 초보 희곡작가가 쓴 대사의 절반정도는 삭제되어야 할지 모
른다. 그 나머지는 다른 사람에 의해 채워져야 무대에 오를 수
있을 것이다.

어떤 것도 장애물로 등장할 수 있다. 주로 상대방의 욕구에서
나오는 경우가 많다. (동기: 나는 왕이 되고 싶다. 장애: 상대방
이 왕으로 남아 있고 싶어 한다.) 장애는 또한 환경에서 기인할
수도 있고, 사람의 소유본능이나 불안, 혹은 기회나 운명에서
기인할 수도 있다. 모든 경우에 장애는 등장인물이 기꺼이 싸울
수 있는 것이어야만 한다. 만일 기꺼이 싸울 의지가 없다면 등
장인물은 아무것도 하지 않을 것이고, 어떠한 행동도 없을 것이
다. 그러면 관객은 잠들어버린다.

내가 당신을 사랑한다(동기). 당신은 나를 불쾌한 녀석이라고
생각한다(장애). 그래서 나는 당신의 태도를 바꾸려고 말을 꺼
낸다. *("내 벤츠로 모시고 싶은데, 타시죠?")*

당신은 필사적으로 직업을 구한다(동기). 면접관은 30명의 지
원자에서 단 한 사람만을 선택을 해야만 한다(장애). 당신은 면
접관에게 강한 인상을 심어주기 위해 애를 쓴다. *("나는 전에도
이런 일을 해 본 경험이 많습니다.")*

철수는 영희를 견딜 수가 없다. 그래서 영희를 떠나보내고 싶

어 한다. 철수의 장애: 영희는 혼자서 철수를 떠나지 않을 것이다. 그래서 철수는 영희를 떠나보내기 위해 적당한 말을 찾는다. *("난 몹쓸 병에 걸렸어")*

말은 대사로 전달되고 연극은 결과를 남긴다. 따라서 "내 벤츠로 모시고 싶은데, 타시죠?"라든가, "난, 몹쓸 병에 걸렸어"와 같은 말을 이끌어내는 동기와 장애를 동시에 알아야 한다.

아무리 습관적이며 사소한 행동에도 동기와 장애가 있다. 물론 이런 것은 더 파악하기 힘든 건 사실이다. 예를 들어, 아침에 이웃에게 잘 잤느냐고 아침인사를 한다. 지난 8년 동안 거의 매일 아침마다 인사를 나눴다. 동기? 장애? 그것들을 알아내기 위해서는, 만일 아침인사를 하지 않았을 경우의 결과를 생각해보자. 아마도 이웃은 당신이 그가 생각하지 않았으면 하고 바라는 것을 생각할지도 모른다. "안녕", "날이 참 좋습니다" 등등과도 같이 사소한 습관적인 행동도 원하는 것을 얻지 못하게 방해하는 것을 극복하고 얻고자 하는 것을 얻으려는 시도에서 나타나는 표현이다.

갈등의 종류

극적 갈등, 즉 욕구 대 장애는 네 가지로 분류된다. 그 가운데 일부, 또는 전부는 모든 희곡에 포함된다. 주인공의 관점에서 드라마의 갈등의 종류는 다음처럼 구분된다.

1. 자신에 대항하는 나. 나는 남의 우표책을 원한다. 그러나

나는 도둑질이 잘못된 것이라는 것을 알고 있고, 도둑질하기가 어렵다. 만일 내가 우표책을 훔칠 만큼 나쁜 사람이라면 장애를 극복하고 도둑질을 할 것이다. 이 때 장애물은 도둑질에 대한 나의 도덕적 입장이다. 갈등은 나와 나 자신의 속마음 사이에 놓여 있다. 즉 나 자신에 대항하는 나 자신.

2. **다른 사람에 대항하는 나.** 나는 남의 우표책을 원한다. 하지만 그 사람은 야구방망이를 들고 우표를 지키고 있다. 이러한 갈등은 나와 상대 사이에 놓여 있다. 즉 **다른 사람에 대항하는 나.**

3. **사회에 대항하는 나.** 나는 남의 우표책을 훔쳤다. 이제 나는 경찰의 목표가 되었고, 사냥감처럼 쫓기고 있다. 나는 법을 어겼다. 이제 사회의 분노가 나를 추격한다. 나의 적은 남이 아니다. 나는 자유를 잃지 않으려 싸우고 있고 사회에 대항하여 싸우고 있다.

4. **운명, 우주, 자연적 힘, 절대자나 신들에 대항하는 나.** 이것은 이기기 어려운 싸움이다. 산 절벽 끝에 매달린 사람의 사투, "바람아 불어라"라고 외치는 리어 왕의 울부짖음, 또는 자신의 운명을 거부하고 "말해다오, 맥더프"라고 외치는 맥베드의 외침과도 같은 것이다. 이것은 남의 우표책을 훔치는 것으로 야기되는 갈등과는 다른 것이다.

네 가지 경우 모두, 싸움은 원하는 것과 장애 사이에 놓여 있다. 어떤 종류의 갈등이든지 간에 동기가 분명하면 분명할수

록, 또한 장애물이 피할 수 없으면 없을수록 더 좋은 희곡이
된다. 그러나 희곡에는 지배적인 갈등이 존재할뿐더러 희곡의
매 순간순간마다 적절한 종류의 갈등이 개입되어 있다는 사실
을 명심하기 바란다. 그래야 『리어 왕』이나 『오이디푸스 왕』이
단순한 가족 멜로드라마나 사회 비판극으로 연출되거나 『고도
를 기다리며』가 심각한 비극으로 연출되는 것을 막을 수 있을
것이다.

극적 갈등(동기 대 장애)은 희곡을 행동에서 행동으로 옮기는
힘이다. 그리고 이것이 연극과 낭송을 구분하는 차이가 된다.

❏ **초점:** 등장인물의 욕구는 방해나 장애물로 거부되고 있다. 등장인물은
욕구를 거부하는 장애를 제거하기 위한 방법으로서 상대방, 또는
다른 등장인물을 움직이게 하기 위하여 말을 한다. 등장인물의
대사를 이해하기 위하여 등장인물이 원하는 것이 무엇인지, 욕구
를 거부하는 장애를 극복하기 위하여 무슨 말을 하는지를 이해하
여야 한다.

6. 모르는 게 약
Ignorance Is Bliss

아이쿠, 미처 몰랐었구나!
『겨울 이야기』 제1막 1장 38행

감출 것은 제대로 감추자

희곡의 모든 대목마다 무엇이 드러나 있으며 무엇이 감추어져 있는지 알아야 한다. 공연을 올릴 때 너무 일찍 성급하게 정보를 제공하면 안된다. 그렇게 되면 흰개미 떼가 삽시간에 나무를 갉아먹듯이 희곡의 토대가 무너져 내릴 것이다. 관객이 알고 있는 것과 아직은 알고 있지 않은 것의 차이는 희곡에서 결정적으로 중요하다. 너무 일찍 차이를 줄여버림으로써 위험을 자초하지 말자.

너무 일찍 모든 걸 드러내게 하지 말자!

분명해져야 하는 것은 무엇인가? 『햄릿』을 연출하거나 작품에 관한 글을 쓸 때, 관객이나 독자가 어느 대목에 가서야 클로디어스가 죄인으로 드러나는지를 발견해야 하는지에 대한 인식을 제대로 갖지 못하는 경우가 있다. 따라서 클로디어스를 맡은 배우는 연극의 첫 장면에서부터 그가 죄를 지은 나쁜 사람처럼 연기한다. 비밀이 너무 일찍 새어나가 버리면 관객은 너무 일찍 사실을 알게 되어 속은 것처럼 느낀다.

희곡을 처음 읽을 때는 아무 것도 모르는 관객의 입장이 되어 보자. 『햄릿』의 경우, 제3막에 이르기 전까지 클로디어스가 잘못을 저질렀다는 사실을 알지 못한다. 햄릿이 그 사실을 밝혀 내기 바로 직전까지 관객은 그의 유죄를 알 수 없는 것이다.

만일 관객이 첫 장면부터 클로디어스가 잘못을 저지른 사실을 알게 되면 3막에 이르기까지 미스터리 스토리의 즐거움을 맛보지 못한다. 햄릿이 추구하는 행동의 핵심(클로디어스의 범죄를 밝혀내려는 것)을 놓치고 마는 것이다. 그러기 때문에 햄릿이 아무 행동도 취하지 않고 있다고 보는 것이다. 햄릿이 우유부단한 성격의 소유자라고 믿는 잘못된 견해는 여기서 비롯되었다.

햄릿은 유령으로부터 이야기를 듣고 나자마자 그 유령이 거짓 정보를 흘리는 악마인지, 아니면 사실을 전해주는 진짜 영혼인지를 알아내려고 무진 애를 쓴다. 만일 햄릿이 처한 당시의 상황을 제대로 이해한다면, 당시 덴마크 권력이 누구에게 쏠려 있는지 이해한다면, 누가 아버지를 죽였는지에 대하여 어떠한 조사도 할 수 없는 정황을 이해한다면(당시 덴마크 실제 상황은 어떤 경우에도 올바른 대답을 들을 수 없는 상황이다), 햄릿이 광기의 가면을 쓰는 책략을 택하지 않으면 안 되었는지를 이해할 수 있다. 햄릿의 변신은 클로디어스가 범죄를 저질렀는지 여부에 대한 미스터리를 푸는 데 도움을 준다. 그것이 희곡 전반부를 지탱해주는 원동력이 된다. 햄릿은 미스터리를 풀기를 원하고 관객도 그걸 보기를 원한다. 그러므로 처음부터 클로디어스에게 범죄자의 의상을 입히지 말아야 한다. 또는 그가 은근히 잘못을 저지른 사람처럼 행동하게 만들지도 말아야 한다. 당연한 흐름을 거스르지 말자.

자상함도 병이 된다

지나치게 자상한 교사는 공연을 보기 전에 희곡을 읽게 하여 공연을 보고 알아차릴 수 있는 것들을 미리 희곡에서 설명해줌으로써 학생들에게 피해를 줄 수도 있다. 희곡을 자세히 읽고 가야 공연을 더 잘 볼 수 있다고 믿는 것일까. 그러한 접근은 오히려 희곡작가의 집필의도에 거스르는 것은 아닐까. 아니면 희곡을 소리 내어 읽어야만 학생들이 이해를 더 잘 할 거라고 여기는 것은 아닐까. 희곡의 색깔, 움직임 등을 모른다면 공연을 보면서 혼란을 겪을 거라고 판단하는 건 아닐까. 불쌍한 학생들!

학생들(혹은 다른 누군가)에게서 공연관람의 위대한 기쁨, 즉 바로 다음에 올 것을 알고 싶어 하는 목이 타는 듯한 긴장감과 가슴 두근거림을 빼앗지 말자. 샤일록이 이길지 패할지 모르는 상태에서 『베니스의 상인』을 관람한다고 상상해 보자. 마찬가지로 그런 즐거움을 빼앗아가는 교사(또는 교과서)를 상상해 보자.

미지의 곳에 연극의 모험이 놓여 있다. 클로디어스는 우리가 모르는 곳에 위치하고 있어야 연극의 모험이 있다. 클로디어스가 햄릿의 등 뒤에다 잔인한 검을 들이대는 걸 처음부터 알게 하지 말자. 『베니스의 상인』을 먼저 읽고 공연을 보게 하지 말기를 바란다. 『고도를 기다리며』의 공연 프로그램에 고도 Godot는 절대로 오지 않는다고 알리지 말자. 다음과 같은 줄거리를 관객에게 전달하지 말자. "클로디어스는 덴마크의 왕권을 차지하기 위해 햄릿의 아버지를 죽였다." 만일 관객이 처음부터 그런 사실을 알기 원했다면 셰익스피어는 그렇게 작품을 썼을 것이다.

관객의 무지를 중요하게 여기자. 희곡의 결말에 대한 지식을 처음부터 강요하지 말자.

❑ **초점:** 종종 작품의 극적 긴장은 관객이 정보로부터 멀리 떨어져 있을 때 발생한다. 너무 일찍 알려줌으로써 긴장을 없애지 말자.

7. 연극적이라 불리는 것들
Things Theatrical

> 정말로 놀라운 건
> 귀와 눈이 가진 능력이지.
> 『햄릿』 제2막 2장 565-566행

관객은 매력을 안다

관객의 열렬한 반응을 유도해내는 모든 것은 연극적이라고 불린다. 예를 들어보면, 수준 높은 농담도 연극적이다. 강렬한 인상을 남기는 슬픈 종말도, 자극적인 의상이나 대사, 울려 퍼지는 목소리도 연극적이다. 관객을 꼼짝 못하게 사로잡아 한눈을 팔지 못하게 만드는 장면구성도 연극적이다. 여주인공이 앉아 있는 의자 밑에 똬리를 틀고 있는 노란 독사뱀도 연극적이며, 유령의 목소리를 들을 수밖에 없도록 무엇엔가 사로잡혀 있게 만드는 솜씨도 연극적이며, 한 그리스 왕이 제 아버지와 어머니에게 한 행위를 알아차리게 만드는 것도 연극적이다.

연극적인 매력이 관객을 극장에 머물게 한다. 오싹한 서스펜스, 자극적인 관심, 풍성한 웃음거리, 강한 의미, 가슴 깊은 감동 등이 연극적이다. 무엇이든 연극적인 것을 제공하면 좋은 연극이다. 그렇지 못하면 연극이 아니다. 연극적인 것의 반대편에는 지루함이 있다.

연극적인 효과는 싸구려 효과가 아니다. 하지만, 여주인공의 의자 아래에 똬리를 틀고 있는 독사뱀처럼 사소한 장치라도 연극적인 효과를 크게 낼 수 있다. 셰익스피어는 고상한 순간이나 사소한 순간이나 가리지 않고 훌륭하게 연극적인 효과를 만들어 낸다. 연극적인 것은 좋고 나쁨, 고상함과 저속함, 예술성과 통속성 등과는 아무런 상관이 없다. 싸구려 술집의 스트립쇼 장면도 『시라노 드 벨쥬락』의 감동적인 마지막 장면처럼 연극적일 수 있다.

희곡작가는 연극적인 것과 연극적이지 않은 것이 어떤 차이가 있는지 아는 사람들이다. 예를 들어 행동3)이 결여된 희곡은 연극적이지 않다. 상황에 걸 맞는 동기 없이 설교를 늘어놓거나 장황한 철학을 강의하는 장면은 연극적일 수 없다. 여자로 변장한 남자(또는 그 반대의 경우)가 겪는 상황은 대개 연극적이다. 결투장면, 두 연인의 첫 만남이나 이별장면, 죽음의 순간은 연

....

3) 행동 action은 제스처나 몸짓과 같은 행위 activity 와 구별된다. 만일 누군가가 입을 다물고 고개를 외면하고 있다면 그의 행동은 "~을 거부하다"로 볼 수 있다. 행동은 눈에 보이는 신체적 행위를 만들어내는 마음의 작용이나 사고 작용을 의미한다. 희곡의 등장인물에게는 가장 큰 행동이 있고 장면마다 작은 행동들로 나누어진다. 햄릿의 큰 행동은 아버지의 원수를 갚는 일이지만 작은 행동은 자신에 대한 감시를 따돌리는 일도 되고 거짓으로 미친 척하는 것도 작은 행동이다. (역주)

극적이다. 갈등은 언제나 연극적이며 갈등 없이 연극적이 되기는 힘들다.

처음 보는 신기함도 연극적이다. 한동안 누드는 극장에서 연극적이었으나 이제 신기함은 사라져 버렸다.

변화는 연극적이다. 관객은 변화에 민감하다. 등장인물이 2~3명 나오는 장면이 50여명 나오는 대규모 장면으로 변하면 그 장면변화 자체만으로도 연극적이다.

희곡 분석에서 연극적인 요소를 파악하는 것은 대단히 중요하다. 솜씨 있는 희곡작가들은 중요한 재료를 연극적인 장면에 적절하게 배치하기 때문이다.

셰익스피어는 『햄릿』 제1막 5장에서 연극적으로 중요한 내용이기 때문에 유령의 대사를 길게 만들었다. 중요한 내용은 무엇이든지 간에 연극적으로 만들어야 한다. 그래야 관객은 그 순간을 알아차리는 것이다.

하수구 틈으로 열쇠를 빠뜨리지 않으려고 주의하듯이, 좋은 작품을 쓰고 싶은 희곡작가는 가장 중요한 재료를 연극적인 장면이 아닌 곳에 배치하지 않도록 관심을 기울인다. 연극적인 것은 장식이나 배경이 아니라 연극의 핵심이며 소통의 중요한 수단이다.

불꽃놀이는 연극적이다. 파괴적 상황에서 탈출도 그렇다. 희곡의 성공은 연극성의 효과에 달려 있다. 희곡을 읽으면서 그러한 요소를 찾아내지 못한다면, 연극성을 무대에서 보여주지도

못할 뿐더러 억지로 희곡을 무대에 올렸다한들 관객은 작품이
무엇을 말하려는지 파악하기도 힘들 것이다.

　이를 모르면서 어찌 연극을 한다고 할 것인가?

❏ **초점:** 무엇이든지 관객의 반응과 참여를 이끌어낼 때 연극적이 된다.
희곡 작가는 중요한 재료를 연극적인 순간에 적절하게 배치한다.
그렇게 해서 관객의 반응을 최고로 이끌어내는 것이다. 희곡을
읽을 때 연극적인 요소를 찾아내는 일은 희곡작가가 중요하게 여
긴 것을 파악하는데 큰 도움을 준다.

제2부

방법론

8. 전개
Exposition

만일 경의 설명이 잘못 해석되었다면
짐은 경의 영광을 취소하겠노라.
『페리클레스』 제1막 1장 112-113행

관객은 무지에서 출발한다

연극이 시작될 때 관객은 작품에 대해 아무것도 알지 못한다. 그러나 행동이 전개되기 시작할 무렵에는 어느 정도 정보가 주어지지 않으면 관객은 뭐가 어떻게 돌아가는지 파악할 수 없게 된다.

그러한 정보는 희곡의 첫 부분의 균형상태가 놓여 있는 세상의 본질에 관한 내용으로 시작한다. 우리는 어디에 있는가? 우리가 사는 세상은 어떠한 곳인가? 상황은 어떠한가? 시간과 연대는 어떻게 되는가? 다음으로 등장인물과 등장인물 사이의 기본적인 관계를 알고 싶어 한다. 그들은 누구인가? 그들은 서로 어떤 영향을 미치는가? 지금 무엇을 하고 있는가?

이렇게 필요한 정보를 드러내는 것을 전개 exposition라고

부른다.

전개의 두 가지

전개에는 두 가지 종류가 있다. 첫 번째는 무대 위에 등장하는 모든 인물들이 전부 다 알고 있는 전개이다. 즉, 『햄릿』의 예를 들면 다음과 같은 것이다. 무대는 덴마크이며 때는 한 밤중이고 햄릿 선왕은 최근에 서거하였다. 희곡작가의 임무는 이러한 정보를 관객에게 전달하여야 한다.

두 번째 종류는 등장인물의 일부 또는 한 명만이 알고 있는 정보와 관련있는 전개이다. 이 경우 희곡작가는 한 등장인물이 적절한 이유를 가지고 상대에게 정보를 전달하게 만들어야 하고 이를 관객이 분명하게 듣도록 만들어야 한다. 고대 그리스 비극작품에서는 전령이 그런 역할을 충실하게 수행한다. 나중에 검토하겠지만 거기에는 아주 복잡한 기법이 존재한다.

전개의 첫 번째 종류, 모든 등장인물에게 알려진 정보를 다루는 전개는 잘 쓰기가 어렵다. 우리가 이미 5장에서 검토했듯이 무대에서 말해지는 모든 것은 등장인물의 욕구에서 비롯되게 만들어야 하기 때문이다. 모두가 다 정보를 알고 있는 상황에서 등장인물의 대사를 통해서 그의 욕구를 드러내기란 쉽지 않은 일이다. 예를 들어, "존, 잘 지냈어? 넌, 알다시피 내 쌍둥이 형제잖아."라는 식의 대사는 어색한 효과를 야기한다. 그런 대사에 등장인물의 생명력을 불어 넣을 역량을 발휘할 배우는 없다.

희곡작가의 역량은 이러한 유별난 어려움을 극복하는 기술에 의해 드러난다.

엉성한 전개기법 찾아내기

어색하고 엉성한 전개기법을 찾아내는 안목을 키우자. 그런 안목을 가지면 희곡의 다른 요소들에까지 나쁜 영향을 미치는 결함마저도 금방 찾아낼 수 있다. "여보세요," 수화기를 들자 하녀는 말을 한다. "여기는 아무도 살지 않는 크럼포트 가의 대저택입니다. 지금은 음산하고 폭풍우 치는 2월의 밤인데요, 아, 안녕하세요, 크럼포트 주인님이시군요. 어머, 캘커타에 계신 줄 알고 있었는데요?" 라든가, "아, 사라, 잘 지내? 3년 전 오늘 우리가 알바니에서 이혼한 후로는 한 번도 만나지 못했지?" 연극이 이렇게 시작한다면 그 다음은 더 볼 것도 없다.

이보다 더 끔찍한 경우도 있다. 아무런 목적도 없는 정보를 전개에 집어넣은 희곡의 경우가 그렇다. 어떤 희곡작가들은 사소한 정보들이 쌓여서 장면의 분위기나 지역적 특색이나 시간, 공간에 대한 독특한 감각을 자연스럽게 제공할 것으로 믿은 나머지 배우에게 별 의미 없는 하찮은 대사를 많이 지껄이게 만들기도 한다. 수다스러운 세부묘사가 극적인 현실감을 높여 주리라고 기대를 하는 모양이다. 그러나 적절하지 않은 세부묘사는 적절치 못한 현실감을 형성시키고 만다.

신뢰할 수 있는 희곡작가라면 전개에서 소개하는 정보와 극적행동 사이에 직접적인 연관을 맺게 만들어야 한다.

행동과 연관 있는 전개는 점진적이거나 누적되어 나타나지 않는 법이다. 행동을 파악하는데 한참을 기다리게 하지도 않는다. 『리어 왕』의 첫 7행을 읽어보자.

켄트   전하께선 콘월 공작보다 알바니 공작을 더
           아끼신다고 알고 있었거든요

글로스터   우리도 그렇게 생각했었지요 허지만 봤잖소
           왕국을 나누시는 걸 보니 공작 중에 누구를
           더 좋아하신 것 같지가 않소 누가 더 좋은 땅을
           차지하나 궁금했지만 저울에 단 듯이 모두가
           똑같았어요

셰익스피어는 영어희곡에서 53단어만을 사용하여, 전개부분에서 결정적인 정보를 제공한다. 리어 왕은 왕국을 어떻게 분할할지를 이미 정해 놓고 있었다. 딸들이 누가 더 아비를 사랑하는지를 가늠하는 공개적인 시합은 그저 형식적인 절차이고 하나의 의식에 불과한 것이다. 세 딸 가운데 어느 딸이 왕국에서 가장 중요한 영토를 차지하는가를 결정하는 시합이 아닌 것이다.

놀랍게도 보통 이러한 정보의 가치가 무시되는 경우도 있다. 대부분의 공연에서 첫 장면을 주목을 받을 만한 의례적인 절차

로 연출하기보다 치열한 경쟁의 장으로 연출하는 경향이 있다. 이는 해석의 차이에서 비롯되는 게 아니라 전개를 제대로 파악하지 못한 심각한 오류에서 비롯된다. 둘 더하기 둘은 넷이다. 다른 답은 흥미로울 수는 있으나 계산은 틀린 것이다.

부실한 무대를 초래하는 이유

희곡을 주의 깊게 읽지 않으면 부실한 무대를 초래한다. 위대한 셰익스피어를 발굴해내는 일은 작가의 의중을 파악하여 드러내어야 함을 의미한다. 『리어 왕』의 첫 7행은 앞으로 펼쳐질 행동에 직접 관련되는 결정적인 전개이자, 행동의 양상을 드러내준다. 이 대사들은 배경이나 지엽적 특성을 설명하는 보조장치가 아니다.

『햄릿』의 경우, 첫 12행에서 얼마나 많은 정보를 얻을 수 있는지를 살펴보자. (이는 관객에게 소개되지 않은 다른 등장인물들에게는 널리 알려진 정보다.) 관객은 무대 배경이 어디인지, 지금까지 벌어진 상황의 일부를 알게 된다. 탑 위에 떠도는 유령이 두 번 나타났다는 사실, 지금은 한밤중이며, 인물들은 모두 덴마크 왕실에 충성을 바치고 있다는 사실들을 알게 되며, 나중에 떠도는 유령을 직접 만나게 될 때(41행), 유령의 모습이 '죽은 선왕'과 꼭 닮았다는 사실을 알게 된다. 이는 모두 다 행동과 분명한 연관성을 갖는 엄청난 정보들이다. 지금까지는 잘 전개되고 있다. 하지만 60행 이하의 내용은 관련이 없어 보여서 관객들은 보통 그 내용을 무시하게 된다.

> 유령이 입은 갑옷은 우리가 봤던 갑옷이야.
> 야심만만한 노르웨이 왕과 싸울 때 입었던 거야.
> 얼굴을 찌푸린 게, 담판이 결렬되자 화가 나서
> 썰매를 탄 폴란드 놈들을 쳐 죽이던 모습이야.
> 거, 참 이상하군.

정말 이상하지 않은가! 노르웨이? 폴란드 놈들? 더구나 몇 행 뒤에 나오는, 덴마크가 노르웨이와 겪고 있는 최근 갈등의 역사에 대한 내용은 불필요해 보인다. 주의를 기울이지 않는 독자는 이러한 내용을 지나칠 것이다. 알아야 할 필요를 넘어서는 세부 묘사라고 생각할 것이기 때문이다. 주의를 기울이지 않으면, 포틴브라스가 연극과 관련 있다는 생각을 할 수 없을 것이다. 그러나 연극이 끝나기 전에, 햄릿의 라이벌인 포틴브라스는, '폴란드 놈들'과 싸우기 위해 덴마크를 가로질러 가려고 노르웨이로부터 진군해 오고 있다. 포틴브라스가 연극에 그렇게 깊이 관여되어 있는가? 바로 그렇다. 당장 관련이 없다고 여긴 나머지 전개부분을 주의 깊게 살피지 않고 건너 뛰어버리면 위와 같은 정보를 결코 파악하지 못할 것이다.

전개부분의 모든 편린들이 희곡의 행동에 필수적인 요소라고 받아들이자. 심지어 관련이 없어 보이는 것들까지도 주의 깊게 살피고 연결고리를 찾으려고 노력하자. 포기하기 전에 다시 노력을 기울이자. 아니면, 전체 흐름을 놓칠 수도 있다.

전개 부분의 두 번째 종류는—한 인물만이 알고 있는 정보를 제공하는 것—희곡작가들이 효과적으로 다루기에 비교적 쉽다. 아주 초보적인 예가 전령과 같은 인물을 활용하는 예이다. 즉 메시지를 전달하는 임무 이외에 연극의 행동과 아무런 관련이 없는 중립적 인물에 의하여 정보가 제공된다. "전하, 저는 고트 족과 비스고트족이 준동하고 있는 성으로부터 왔습니다…"

한층 더 복잡하면서도 효과적인 방법은 그 '전령'이 다양한 이유를 지닌 채, 그가 전하는 메시지 이상으로 행동에 관련되어 있는 경우이다. 중요한 등장인물은 전개부분에서 정보를 흘림 으로써 다른 인물이 무엇인가를 하게 만든다.

유령이 흘리는 정보

예를 들면, 햄릿의 선왕 유령은 전개적인 정보를 전달한다. 관객은 연극의 행동을 이해하는 데 도움을 주는 정보를 필요로 한다. 하지만 유령은 관객을 염두에 두지 않는다. 그의 관심사 는 단지 클로디어스의 살인에 대한 정보를 햄릿에게 전달함으 로써, 햄릿이 구체적인 일을 하도록 하는 데 있다. 바로 복수를 거행하는 일이다. 유령은 햄릿이 지금 행동을 취하도록 과거의 정보를 제공한다. 이것이 바로 전개부분에서 쓸 수 있는 가장 효과적인 방법이다. 그것은 **과거를 이용하여 현재의 행동을**

촉구하는 (그저 설명하기 위해서가 아니라) 수법이다. 희곡작가가 이러한 수법을 사용할 때 반드시 이를 포착해내도록 하자. 이러한 기법의 대가인, 입센의 작품을 읽어보라. 이 기법은 두 가지 기능을 한다. 첫째는, 관객이 필요로 하는 정보를 전달하는 것이고, 둘째는, 행동을 촉발시키는 것이다.

『오이디푸스 왕』에서는 이러한 기법이 클라이맥스에 이르도록 늦게 활용된다.

이러한 기법은 종종 가장 중요한 전재부분에서 활용된다. 『햄릿』의 제1막 5장에 등장하는 유령의 이야기는, 유령이 나타난 횟수나, 유령이 입은 옷이나 폴란드와 노르웨이와 덴마크 세 나라의 분쟁의 역사보다도 훨씬 더 중요한 정보를 지니고 있다. 중요하기 때문에 셰익스피어는 관객이 모든 대사에 귀를 기울이도록 시선을 집중시키는 강력한 장치를 사용한다. 연극성을 형성하는 핵심이 되는 이러한 장치에 대해서는 다음 장에서 다루겠다. 지금은 희곡작가가 독자가 귀를 기울이게 하는 강력한 기법을 사용하는 전개부분을 주의 깊게 살필 필요가 있다는 점을 이해하고 넘어가자. 이러한 기법은 아껴서 필요할 때에만 활용되어야 한다. 그러므로 믿을 수 있는 작가가 이런 기법을 사용했다면 특별히 중요한 이유가 있을 것이라고 받아들이자.

예를 들어, 『리어 왕』의 첫 7행은 대단히 중요한 전개이다. 따라서 셰익스피어는 관객이 이 대목을 놓치지 않도록 주의를 기울였다. 그는 중요한 장면으로 연극을 시작함으로써, 관객들이 이야기에 더 몰두하게 만들었다. 이러한 기법은 관객에게 작품에 몰두하게 만드는 초점을 제공한다. 그러나 이와 같이 초점을 제공하는 기법은 20세기 관객에게는 소용이 없는데, 그것은 현재의 관객은 리어 왕의 이야기의 배경에 대해서 아는 바가 없기 때문이다. 하지만 셰익스피어 시대의 관객들은 리어 왕 이야기의 배경을 여러 경로를 통해 이미 알고 있는 상태였다. 1604년 런던에서 널리 알려졌던 다른 버전의 『리어 왕』에서는 '경쟁' 장면은 진짜 시합이었다고 한다. 즉 리어를 가장 사랑한다고 말하는 딸이 가장 넓은 영토를 차지할 수 있게 만든 것이다. 셰익스피어는 거기에 수정을 가해 연극의 첫 장면에 배치하면 더더욱 관객을 사로잡을 수 있다는 사실을 알고 있었다. 이는 마치 『신데렐라』를 각색하여 신데렐라의 나쁜 언니들이나 계모가 신데렐라에게 좋은 사람으로 시작하는 것과 마찬가지 효과를 가져 올 것이다.

어떻게 다루든지, 훌륭한 전개는 관객으로 하여금 행동의 시작을 알아차릴 수 있는 충분한 정보를 모두 드러내 준다. 전개를 건너 뛰어 버리면, 희곡을 성급하게 읽어내려고 하면, 작품이 무슨 이유나 어떠한 사연으로 시작하는지에 대해 모호하게 알게 되어 결말에 이르기까지 사건을 제대로 파악하지 못하고 만다.

❏ **초점**: 전개는 희곡의 행동을 이해하는 데 관객이 필요로 하는 정보를
드러낸다. 여기에는 두 종류가 있다. 첫째는 등장인물들 모두 다
알고 있는 정보를 제공한다. 둘째는 모든 등장인물들에게 공유되
지 않는 정보를 제공한다. 어떤 경우든지 최선의 선택은 한 등장
인물에 의해서 다른 등장인물의 행동을 촉구하는 정보를 어떻게
활용하는가에 달려 있다.

9. 추진력: 다음에 대한 갈망
Forwards: Hungry for Next

난, 내 방식대로 밀고 나갈 거예요.
『사랑의 헛수고』 제5막 2장 662행

지루함은 죄악이다

공연에서 너무나 분명한 사실이 제일 소홀히 다뤄지고 있다. 관객은 목에 밧줄이 걸린 듯 빠져나가지도 못하게 붙들려 공연이 끝날 때까지 몸을 뒤틀고 앉아 있을 수도 있다는 사실이다. 무슨 수를 써서라도 관객으로 하여금 바로 다음에 일어날 사건이 무엇인지 궁금하게 만들어야 한다.

추진력 forwards이란 아직 발생하지 않은 사건에 대하여 관객의 관심을 불러일으키도록 만드는 것을 말한다. 희곡작가들은 관객이 현재보다는 미래에 사로잡혀 있기를 원한다.

추진력은 모든 종류의 글쓰기, 연극문학이든 비연극문학이든 모든 분야에서 사용되지만, 연극에서는 선택사항이 아닌 필수요소다. 소설의 독자는 미래보다 현재에 더 큰 관심을 가지게 되지만, 극장에서는 이와 다른 상황이 지배적이다. 관객이 몰두하는 시간의 길이나 관심, 취향, 이해도, 정서적 또는 지적 참여도, 신체적 안정감, 태도, 분위기 등에서 개인적인 편차를 보인다하더라도, 다양한 종류의 관객들이 무대에 집중하는 리듬은 같게 만들어야 한다. 희곡작가는 관객의 주의를 사로잡을 줄 아는 사람들이다.

책을 읽는 독자는 자기 방식대로 독서의 리듬을 조절할 수 있다. 반시간 동안 책을 읽다가 일어나서 걸어다니거나, 과일을 먹을 수 있으며, 우표를 세거나, 어떤 부분은 다시 읽기도 하고, 관심이 없거나 재미없는 부분은 건너뛰기도 하고, 다른 사람과 내용에 대해 토론할 수도 있고, 책으로 창밖의 새를 잡거나 화덕에 던져버릴 수도 있고, 일주일 동안 들여다보지도 않고 치워버릴 수도 있다.

그러나 극장에 온 관객이 휴식시간이 되기 훨씬 전부터 지겨워한다면 그 공연은 문제가 있다. 그래서 솜씨 있는 희곡작가는 장면에 추진력 forwards을 담아서 관객으로 하여금 강한 장면이든 약한 장면이든지 바로 다음에 벌어질 내용을 보게끔 만들어 자리를 지키게 만든다.

집에서 책을 읽다가 화장실에 가고 싶다면 책읽기를 잠시 그만 두거나 책을 가지고 갈 것이다. 그러나 극장에서 공연 도중에 관객이 화장실에 갈 시간을 마련해야 한다고 믿는 연극인은 거의 없다. 이러한 현장 공연의 특성은 서양에서 연극이 시작된

이래(고대 아테네 사람들은 우리가 모르는 뭔가를 알고 있었을지는 몰라도) 당연하게 여겨졌다. 공연에서 다음에 벌어질 것에 대해 관객을 궁금하게 만들지 못한다면, 관객 대다수는 자리를 뜨거나 제1막 5장을 화장실에서 보내버리거나 저녁 내내 희곡보다는 생리적 욕구에 더 신경을 쓸 것이다.

관객은 걸어다니거나, 잠시 휴식을 취하거나, 과일을 먹거나, 다른 어떤 일도 할 수 없다. 엉터리 공연의 가엾은 관객은 꼼짝 없이 앉아 있어야 한다. 시인이나 소설가들과는 달리 희곡작가는 관객이 계속 객석에 앉아 있도록 만들지 않으면 안 된다. 추진력이 없다면, 관객은 대사가 끝나기만 하면 자리에서 일어나겠다고 마음을 먹을 것이다. 이 점은 희곡문학과 다른 문학의 중요한 차이점이다. 관객은 바로 다음에 전개될 내용이 궁금할 때 계속해서 관심을 기울이는 것이지, 궁금하지 않을 때는 주의를 기울이지 않는다. 객석에 앉아 있기보다 뭔가 다른 짓을 하려 할 것이다. 믿지 못하겠다면, 3시간 동안 한 자리에 앉아서 누가 밀턴의 『실락원』을 낭독하는 것을 들어보라. 견디지 못할 것이다. 왜냐하면 거기엔 추진력이 거의 없기 때문이다.

비 희곡문학에서도 낭독을 염두에 두고 쓴 작품도 있다. 초서 Chaucer, 호머 Homer의 작품이나 『베오울프 Beowulf』가 그렇다. 거기에는 추진력이 담겨 있다. 헤밍웨이의 소설은 그렇지 않으며, 디킨스, 포크너, 포프의 작품도 마찬가지다. 그러나 셰익스피어와 소포클레스의 작품은 추진력으로 가득 차 있다. 둘 다

매 페이지마다 추진력을 심어 놓았다. 위대한 작가들만 그런 게 아니라 시대를 막론하고 이름을 댈 수 있는 희곡작가는 모두 그렇다고 봐야 한다. (추진력을 모르고 희곡을 쓴 작가는 결코 이름을 들을 만한 작가가 되지 못했을 것이다.)

추진력은 기대감을 낳는다

추진력은 그것이 테크닉이거나, 속임수이거나, 계획이거나, 조작이거나, 흥미를 끌게 만드는 것이거나, 감질나게 만드는 것이거나, 애타게 만드는 것이거나, 어떤 수단을 강구하든지 간에 관객으로 하여금 다음에 벌어질 내용을 기대하게 만든다. 만일 희곡에서 추진력을 놓친다면 희곡작가가 관객을 사로잡는 가장 두드러진 수단을 놓치는 것이다. 스트립쇼에서 누드에 대한 암시가 누드 자체보다도 관객을 더 흥분시킨다는 것을 모르는 무희가 있겠는가?

즐거움의 절반은 앞으로 다가올 것에 대한 기대 속에 담겨 있다.

추진력은 지속적으로 관객을 흥미롭게 만들뿐만 아니라 희곡작가가 원하는 대목에 주의를 집중하게 만든다. 노련한 작가는 관객이 예리하게 관심을 기울여야 할 대목에서 예민한 관심을 갖게 만든다. 이러한 분석 방법을 터득하면 희곡작가가 중요하게 여기는 게 무엇인지를 파악할 수 있다. 만일 셰익스피어가 어떤 대목에 특별히 관심을 기울이도록 공을 들였다면, 그 대목은 희곡에서 결정적인 순간임에 틀림없다.

셰익스피어가 사용했던 일련의 추진력을 살펴보자. 우선 바로 다음에 무엇이 일어나는지에 대해 관심을 불러일으키는 수법을 살펴보고(1), 그가 관객이 집중하기를 원했던 대목에서 관심이 더욱 고양되게 만들어 관객을 사로잡는 수법을 살펴보자(2).

『햄릿』에서 유령은 685행에 이르기까지 입을 열지 않는다. 그 분량은 짧은 그리스 비극 작품의 절반 정도다. 서툰 희곡작가는 첫 대사를 유령의 대사로 시작했을지도 모른다. 셰익스피어는 유령의 대사를 지연시켜서 단순하지만 명료한 추진력을 창조해내었다. 이 수법은 우선 관객으로 하여금 유령의 출현에 주목하게 만들뿐만 아니라 유령이 다음에 무슨 말을 할지에도 관심을 두게 만든다.

지금까지 『햄릿』에 대해 쓴 글은 다른 어떤 영국문학작품보다도 많다. 모두 정밀하게 분석한 글들이지만, 너무나 분명한 것 또한 놓치고 있기도 하다. 관객의 입장에서 놓친 부분을 찾아내지 않으면 안된다. 유령이 나타나기 이전부터 유령에게 관심을 갖게 만드는 요소부터 찾아보자. 『햄릿』의 첫 대사는 "거기 누구냐? Who's there?"로 시작된다.[4] 여기서 관객은 당장 누

---

[4] 『햄릿』의 첫 장면은 보초교대로 시작한다. 첫 대사 "거기 누구냐?"는 보초근무를 서는 프란시스코의 대사가 아니라 보초교대 하러가는 버나도의 대사이다. 첫 대사로부터 관객을 사로잡는 셰익스피어의 솜씨를 알 수 있다. (역주)

가, 또는 무엇이 성 위 망루에서 나타났는지 궁금해진다. 몇 줄 뒤 호레이쇼는 셰익스피어가 관객을 궁금하게 만들기 위해 고안해낸 대사를 뱉어낸다.

근데, 그 물건이 오늘밤에 다시 나타났나?

호레이쇼는 '유령'이라고 말할 수 있었겠지만, '물건'이라고 분명하지 않은 표현을 사용함으로서 관객을 더 감질나게 만든다. 예닐곱 줄의 대사가 흐르는 동안, 관객은 그 '물건'에 대해 뭐라도 더 알고 싶도록 사로잡히게 된다.

호레이쇼   근데 그 물건이 오늘밤에 다시 나타났나?
버나아도   전 아무 것도 못 봤습니다.

21-22행

그러나 위의 대사 교환은 관객의 궁금증을 전혀 풀어주지 못한다. 관객은 방금 보초교대를 마친 버나아도가 아무 것도 볼 수 없었다는 사실을 알고 있다. 기대감을 자극하는 암시를 통해서 관객의 주의를 집중시킴은 물론이고 그 '물건'이 언제라도 당장 나타날 수 있다는 의미도 풍기고 있는 것이다.

마셀러스   호레이쇼는 우리가 헛것을 본 거래요,

아무리 말해도 듣지를 않아요. 우리가
무시무시한 모습을 두 번이나 봤다는데도!

23-25행

(그 '물건'은 이제 좀더 분명한 윤곽을 드러내어 '무시무시한 모습'
이 된다. 조금씩 조금씩 더 관객의 흥미를 돋운다.)

그래서 내가 저 분한테 여기 와서
오늘밤 우리랑 같이 지켜보자고 했지요.
만일 그 귀신이 또 나타나면, 저 분께선
우리가 본 걸 믿고 말을 걸어볼지도 모르잖아.

호레이쇼　　관둬, 관둬, 나타나긴 뭐가 나타나?

26-30행

관객은 호레이쇼가 모르는 몇 가지 사실을 더 알고 있기 때
문에 호레이쇼 만큼 불신할 여지는 적다. 우선, 관객은 이것이
연극이라는 것을 알고 연극이 관객의 관심을 끌 때는 뭔가 마
땅한 장치가 있으리라는 걸 알고 있기 때문이다. 다음으로, 관
객은 희곡 6행에서 언급한 대로 지금이 한밤중, 자정이라는 걸
안다. 기대에 어긋나지 않는다는 사실을 안다. 관객 가운데에는
호레이쇼처럼 유령의 존재를 믿지 않는 사람도 있을 터이지만,
만일 유령이 존재한다면 한밤중, 자정에 나타날 가능성이 가장
높다는 사실은 믿고 있을 것이다.

그리하여 셰익스피어는 이성을 지닌 호레이쇼가 "관둬, 관둬, 나타나긴 뭐가 나타나?"라고 말하는 순간, 그가 머지않아 존재를 믿지 않는 유령과 대면하는 미묘한 순간을 기대하게 만드는 추진력을 만들어 낸다. 유령이 처음으로 등장하기 이전부터 관객은 두 가지 극적인 사건, 무시무시한 귀신이 나타나는 사건과 귀신이 없다고 장담하는 사람이 귀신을 대면하는 사건에 관심을 갖게 되고 만다.

만일 첫 40행을 말만 늘어놓은 장면으로 연출한다면 관객은 사로잡히지도 않을 것이며 흥미를 느끼지도 못할 것이다. 유령이 등장할 때, 안개를 피우고 소름끼치는 음향효과를 깔고, 음산한 조명을 비춘다고 한들 별 효과를 얻지 못할 것이다. 그러나 첫 40행에 담겨 있는 추진력을 분명하게 느낄 수 있도록 연출한다면, 관객은 추진력에 기대어 기대감으로 주의 깊은 관심을 나타날 것이다. 오히려 안개나, 음향효과나 조명이 없는 귀신이 더욱 효과적일 것이다. 물론 조명이나 안개, 음향효과는 사용할 수 있지만, 셰익스피어가 창조해낸 극작의 핵심 요소, 단순하지만 노련한, 효과적인 추진력을 놓치지 말아야 한다.

셰익스피어의 솜씨

이는 시작에 불과하다. 셰익스피어가 공을 들인 노력은 유령이 햄릿에게 하는 말을 관객이 주의 깊게 듣도록 만드는 일이었다(제1막 5장). 관객은 극장에 들어설 때부터 유령 따위에는 관심을 기울이려고 하지 않는다. 그래서 셰익스피어는 관객이 유령에 관심을 갖도록 유도하고, 유령이 하려는 말이 유령의 출현에 압도당하지 않게 만들기 위해 600여 행의 대사를 공을 들여 쓴 것이다. 셰익스피어의 솜씨가 얼마나 분명하게 반복되어 나타나는지 살펴보자.

호레이쇼	대체 넌 누구길래 이런 한밤중에 나타나느냐?
	전투에 출정하는 갑옷 차림이 아니냐?,
	서거하신 덴마크 국왕폐하가 생존하셨을 때
	출정하시던 모습이다. 명령을 들어라, 어서 말하라!
마셀러스	화가 났나 봐!
버나아도	어, 가버리는데.
호레이쇼	서라! 말을 해라, 말 해! 말을 하란 말이야!
마셀러스	가버렸어. 말도 하지 않고

46-52행

넉 줄의 대사에서 유령이 다섯 번이나 말하기를 거부한다는 사실을 발견할 수 있다. 셰익스피어에게는 호레이쇼로 하여금, 또한 관객으로 하여금, 유령이 무슨 말을 하고 싶은지 궁금하게 만드는 방법으로 이보다 더 좋은 방법이 어떤 게 있을 수 있겠는가?

유령은 74행 뒤에 다시 등장한다. 관객은 그동안 전개부분을 통하여 상당히 많은 것을 알게 된다. 덴마크와 노르웨이의 관계, 유령의 과거 신분, 긴박한 정치상황, 무시무시한 귀신의 출현이 불길한 사건의 징조라는 점도 드러난다. (112-126행에서 로마의 시저가 암살되기 직전에 시체들이 알 수 없는 소리를 내면서 거리를 돌아다녔다는 얘기가 나온다.) 유령에 대한 강한 호기심 때문에 전개에 집중된 모든 것에 귀를 기울이게 만든다. 어쩌면 셰익스피어가 그렇게 만들지 않았다면 관심을 가지지 않았거나 조금밖에 관심을 두지 않았을 정보에도 관심을 기울이게 만든다. 그의 솜씨가 관객으로 하여금 관심을 기울이지 않을 수 없도록 만든 것이다.

그래서 유령이 두 번째로 등장하게 되면 관객은 전보다 훨씬 더 많은 사실을 알고 있는 상태에서 유령을 맞이한다. 호레이쇼가 다시 말을 걸자, 관객은 유령의 얘기를 듣고 싶은 마음이 더욱 강해진다. 종소리가 규칙적으로 울릴 때 반복하여 나타나는 리듬처럼 추진력은 관객을 사로잡게 만든다.

호레이쇼   *(유령에게)* 섰거라, 허깨비야!
무슨 소리를 내든 말을 할 수 있다면,
말을 해라.
무슨 일이든 네 소원을 풀고
우리에게도 도움이 되는 일이 있다면
말을 해라.

네가 나라에 닥칠 재앙을 알고 있어서
그걸 우리가 알아 미리 재앙을 피할 수 있다면
오. 말을 해!
아니면, 네가 생전에 부정한 보물을
어디 땅 속에다 묻어두었다는 거냐?
보물 때문에 유령이 나온다는 얘기도 많이 들린다.
어서 말해! 멈춰라, 말을 해라!

127-139행

다섯 번이나 더 "말을 해라!"는 대사가 나온다. 관객은 유령이 무슨 말을 하기를 잔뜩 기대하지만, 새벽닭이 울자, 유령은 사라지고 만다.

군침만 흘리다가 맛은 못 보고 말았지만, 셰익스피어의 작업은 끝난 게 아니다. 그래서 나중에 유령이 입을 열면 관객은 최대한 열중해서 귀를 기울이는 가장 충실한 관객으로 변하고 마는 것이다. 추진력은 호레이쇼가 햄릿에게 그동안 벌어졌던 일을 보고할 때도 계속해서 나타난다.

햄릿　　말을 걸어보긴 걸어 봤나?
호레이쇼　　　　　　　　　　네, 걸어봤지요.
　　　　　하지만 아무 대꾸도 않았습니다.
　　　　　다만 무슨 생각에 한번 고개를 쳐들고
　　　　　무슨 말을 할 것 같은 기색을 보였는데,

93

바로 그때 새벽닭이 울어대는 바람에
그 소리를 듣고 그만 그 혼령은 황망히
자취를 감춰버리고 말았습니다.

제1막 2장 214-220행

거의 들을 뻔 했는데, 얼마나 안타까운 일인가?

추진력은 궁금증을 낳는다

제2장이 끝날 때 관객은 앞으로 올 것에 대한 감질나는 또
다른 힌트를 얻게 된다. 햄릿은 유령이 불길한 미래의 징조를
예시하는 게 아니라 과거에 벌어진 일이지만 숨겨진 사건을 들
춰내 줄 것으로 기대하고 있는 것이다.

햄릿   어서 밤이 왔으면.
그때까지 잠자코 있자 내 영혼아. *악행은 드러나리라*
온 세상이 덮어 준다고 해도 결국은 눈에 띄리라!

마지막 두 행은 운이 맞는다. (Foul deeds will rise / Though
all the earth o'erwhelm them to men's eyes.) 흔히 운을 맞추어
2행 연구(聯句)로 끝을 내면 그 장을 마감하는 것으로 여기는
경우가 보통이지만, 셰익스피어는 정반대 기능을 발휘한다. 무
슨 일이 벌어졌는지보다 앞으로 무슨 일이 벌어질 것인지를

말해 준다. 운을 맞추지 않은 내용보다 운을 맞춘 내용이 더 강조되고 강조됨으로써 추진력을 획득한다. 관객을 애태우게 만들고 흥미를 일으킴으로써 앞으로 벌어질 사건에 더 관심을 두게 만든다. "악행은 드러나리라, 온 세상이 덮어 준다고 해도 결국은 눈에 띄리라!"라고 끝을 내게 만들어, 유령이 무슨 말을 할지, 무엇을 드러낼지에 대해 훨씬 더 궁금증을 갖게 만든다. 관객은 앞으로 유령이 뭔가 끔찍한 일을 폭로할 것이라 생각하고, 유령의 말을 한마디도 놓치지 않고 귀담아 들으려 할 것이다. 그러나 셰익스피어는 아직도 준비작업을 더 남겨 두고 있다. 제1막 4장과 5장의 첫 부분을 보자. 관객의 머리 속으로 들어가 생각해보라. 유령이 무슨 말을 할지 몹시 궁금해 미칠 지경이다.

(유령 등장)

호레이쇼 전하, 저기 옵니다.

햄릿 천지신명이시여 저희를 지켜주옵소서!
그대는 좋은 신인가, 마귀인가?
그대가 내뿜는 게 하늘의 기운인가, 지옥의 독기인가?
품은 의도가 좋은지 사악한지는 모르겠으나
워낙 이상한 형상을 하고 나타났으니
내가 먼저 말을 걸겠다. 뭐라 부를까, 햄릿 왕이시여.
전하, 아바마마, 덴마크 국왕 전하! 오, 대답해 주소서!

제1막 4장 38-45행

마지막 문장을 무대감독의 연습대본처럼 살펴보자.

햄릿　　　　　　　　뭐라 부를까, 햄릿 왕이시여!
　　　(대답이 없다)
　　　전하!
　　　(대답이 없다)
　　　아바마마!
　　　(대답이 없다)
　　　덴마크 국왕 전하!
　　　(대답이 없다)
　　　오, 대답해주소서!

셰익스피어 배우는 외치지 않는다

얼마나 많은 햄릿 역할을 했던 배우들이 침착하게 유령의 대답을 기다리지 않고, 마치 저주스러운 대사를 뱉어낼 호기를 얻은 것처럼 왕의 호칭을 둘러대면서 서둘러 "오, 대답해 주소서!"라고 외쳐댔겠는가? 셰익스피어가 창조한 햄릿은 유령의 대답을 절실하게 원하기 때문에 온힘을 다하여 애를 쓴다. 셰익스피어가 추진력을 사용하기 때문에 관객도 애가 타지만 햄릿도 마찬가지로 답답하긴 마찬가지다. 햄릿은 대사를 계속한다.

햄릿　　　갑갑해서 속이 터져나갈 지경입니다. 도대체
　　　　　죽어서 시성을 받고 장례를 치른 유해가 왜

수의를 찢고 나타났습니까? 당신이 죽어
조용히 매장되어 들어갔던 무덤이 왜
그 육중한 대리석 뚜껑을 열고 당신을
다시 뱉어 놓았을까요? 도대체 무슨 의미로
죽은 시신이 이렇게 다시 갑옷무장을 하고
어스름 달빛아래 나타나서 소름끼치게 하고,
그로 인해 어리석은 우리 인간들이
사람의 머리로는 헤아릴 수 없는 생각으로
무서워 떨어야 하는 것인지, 말해 보십시오
그 이유가 뭡니까?
(대답이 없다)

               무엇 때문입니까?
(대답이 없다)

                어떻게 하란 말입니까?
(유령, 햄릿에게 따라오라고 손짓한다.)

                       46-57행

   다음 35행의 대사가 진행되는 동안 햄릿은 유령의 말을 듣기 위해 무진 애를 쓴다. 다른 등장인물은 햄릿을 단념시키려 한다. 그러나 셰익스피어는 주인공이 원하는 것을 관객이 똑같이 원하도록 사전작업을 해 두었다. 관객의 운명은 햄릿과 똑같다. 관객이 원하는 것(유령의 말을 듣는 것)을 얻기 위해, 햄릿은 장애물을 물리치고 유령을 따라가야만 한다.

호레이쇼   따라오라고 손짓을 하는데요
꼭 무슨 할 얘기가 있는 듯 싶습니다.
왕자님한테만요.

58-60행

(즉, 뭔가를 혼자에게만 은밀히 말해주려는 듯, 이것도 또 다른 추진력이다.)

마셀러스   저 정중한 행동을 보십시오
왕자님을 외진 곳으로 유인하려는 겁니다.
그래도 따라가지 마십시오
호레이쇼   예, 절대 안 됩니다.
햄릿   입을 열지 않으니 따라가 볼 테다.

(유령의 말을 듣고 싶은 관객은 "그렇지!"라고 생각한다.)

호레이쇼   안 됩니다, 전하

("아닌데!"라고 관객은 생각한다.)

햄릿   왜, 두려워 할 게 뭐가 있나?
난 목숨에 손톱만큼도 미련이 없다.
내 영혼이야, 저것이 어쩌겠는가?

영혼은 어차피 불멸인 게 아니냐?
다시 오라고 손짓한다. 따라가겠다.

(따라가려는 햄릿에게 호소하는 호레이쇼의 대사는 장애물이 된다.)

호레이쇼   아니, 저것이 왕자님을 급류가 흐르는 곳이나
아니면 높은 절벽 꼭대기로 유인해서
저 밑으로 바다가 아찔하게 보이는 그런 데서
아주 끔찍한 괴물로 둔갑한 다음에
왕자님 정신을 빼앗아버려서
미치게 만들면 어쩌시려구요?

(미치게 만든다? "글쎄…" 관객은 생각한다. "지금 어떻게 돌아가고 있지? 앞으로 어떻게 될까? 바로 다음이 뭐지?")

호레이쇼   *(계속해서)*   생각해보십시오
그런 이상스런 곳에선 사람 머릿속에
아무런 이유없이 절망감이 들게 마련입니다.
까마득히 깊은 물을 한참 들여다보거나
이상하게 울리는 소리를 들으면 그렇게 됩니다.
햄릿   계속 손짓을 하는구나.
좋습니다! 내 따라갑니다!
마셀러스   안 됩니다, 전하.
햄릿   이 손 놓아라.

호레이쇼	제발, 가시면 안 됩니다.
햄릿	내 운명이 나를 부른다.
	온 몸의 핏줄이란 핏줄은 사나운
	네미아의 사자 힘줄처럼 불끈거린다.
	계속 날 부른다. 손 놓으라니까. 어서.
	잘 들어라. 나를 막는 자는 저렇게 만들어 주겠다.
	비키라니까! *(유령에게)* 갑시다. 따라가겠습니다.

60-86행

결국 햄릿은 유령을 따라나선다. 이제 관객은 기대하던 결과를 얻게 되었다.

햄릿	*(유령에게)* 어디까지 갈 작정입니까?
	말을 하세요. 더는 못 갑니다.
유령	잘 들거라.

제1막 5장. 1-2행

("잘 들거라 (Mark me)" 이 말은 희곡문학에서 가장 함축적인 짧은 표현 가운데 하나일 것이다.)

셰익스피어는 난해하지 않다. 입을 열라는 말을 여러 차례 계속해서 유령에게 퍼붓게 함으로써 일련의 추진력을 작렬시킨다. 희곡에서 이렇게 반복하여 사용한 표현이 있었던가?

셰익스피어가 이렇게 길게 끌어 온 이유는 유령의 대사 속에 이 작품의 중요한 전개부분이 담겨있기 때문이다. 희곡의 행동은 관객이 모든 세부묘사를 제대로 이해할 때 성립된다. 셰익스피어는 관객을 애타게 만들었기 때문에 유령이 입을 열자 그의 말을 열심히 듣게 된다.

관련성을 지닌 세부묘사가 얼마나 중요한가를 보여주는 예를 하나 더 찾아보자. 유령은 햄릿에게 어머니에 대한 복수는 직접 거행하지 말라고 당부한다. 만일 이 세부묘사를 놓친다면, 연극이 진행되는 동안 거투루드 왕비에 대한 햄릿의 태도는 혼란스럽고 이상하게 보일 것이다.

추진력을 지닌 장치를 이해한다면, 희곡을 무대에 올릴 때 관객이 유령의 대사를 한마디도 놓치지 않게 할 수 있을 것이다. 그렇지 않을 경우, 600여 행이 넘치도록 구사한 셰익스피어의 노련한 테크닉을 무시하고, 순전히 무대효과에 의지하여 유령을 등장시켜 주의를 끌 수도 있다. 그럴 경우, 팔을 흔들고 괴성을 지르며 알아듣지 못하는 소리를 지껄이게 만들기 위해 유령의 대사를 삭제할지도 모르겠다.

추진력을 철저하게 구사하여 공연을 활기 있게 만들고 관객을 행동의 급류에 휩쓸리게 만드는 작품이 바로 『햄릿』이다. 『햄릿』은 관객을 유령의 대사에 민감하게 주의를 기울이도록 사로잡아버림으로써 구조적이고 정서적인 토대를 공연이 끝날 때까지 지속시킨다.

추진력을 지닌 2행 연구(連句)

또 다른 추진력을 살펴보자. 한 가지는 이미 설명한 바 있다. 보통 셰익스피어는 희곡에서 장을 끝낼 때 압운(押韻)[5] 2행 연구(連句)를 많이 사용한다.

> 그때까지 잠자코 있자 내 영혼아. 악행은 드러나리라
> 온 세상이 덮어 준다고 해도 결국은 눈에 띄리라!
> Till then sit still, my soul. Foul deeds will rise
> Though all the earth o'erwhelm them to men's eyes!
>
> 제1막 2장 256-257행

다른 경우에서 그런 기법이 어떻게 관객의 주의를 끌고 가고 있는지 살펴보자. 우선, 『햄릿』 제2막 2장을 보자.

Hamlet   I'll have grounds
            More relative than this. The play's the thing
            Wherein I'll catch the conscience of the King

햄릿   그러니 근거가
      좀 더 확실해야 한다. 연극 한 편을 만들어
      거기서 왕의 양심을 찾아내고야 말겠다.

---

5) 시와 같은 운문에서 같은 위치에 발음이 비슷한 단어를 사용하는 수사법. 영어로 라임 rhyme이라 부른다. (역주)

그리하여 관객은 그러한 사건이 벌어지기를 학수고대한다. 『햄릿』 제4막 4장을 보자.

Hamlet　　　　　　　　　　　　O, from this time forth
　　　　　　My thoughts be bloody, or be nothing worth.

햄릿　　　　　　　　　　　　오, 바로 지금부터다
　　　　　　마음을 독하게 먹자. 아니면 쓸모가 없다.

위의 두 행은 운이 맞지는 않지만 1601년에는 통했나 보다. 노르웨이의 포틴브라스 군사들이 진군하는 걸 바라보면서 햄릿은 두 행의 대사로 그 장면을 끝낸다. 진군하는 군대는 햄릿에게 영향을 미친다. 햄릿은 지금 영국으로 떠나야 할 처지여서, 행동을 일단 거두어야 할 상황이다. 셰익스피어는 나중에 관객의 주의가 흩어질 것을 걱정하여 추진력을 미리 심어두는 것이다. 독한 생각을 품겠다는 것은 복수의 행동에서 물러서지 않겠다는 다짐을 말하는 것이다. 『오셀로』 제1막 3장을 보자.

Iago　　I have't. It is engend'red. Hell and night
　　　　Must bring this monstrous birth to the world's light.

이아고　　그래. 생각이 났어. 지옥 같은 밤으로
　　　　극악무도한 계획이 세상의 빛을 보게 하는 거야.

희곡을 읽어보지 않은 독자라도 무슨 일이 일어날지 궁금해
진다. 몇 장면 뒤에(제5막 1장) 이아고는 닥쳐올 그 밤에 대해
서 말한다.

Iago   This is the night

              That either makes me, or foredoes me quite

이아고   오늘이다, 그 밤이.

              성공, 아니면 파멸을 판가름할 그 밤이.

셰익스피어는 계속해서 우리 눈앞에 당근을 매달아놓는다.
그의 작품에서는 한 순간도 추진력이 효력을 발휘하고 있지 않
은 대목을 발견하기 힘들다.

추진력을 가진 압운(押韻) 2행 연구(連句)로 장을 끝내는 것
은 엘리자베스 시대 희곡작가들과 당대의 모방작가들 특유의
관행이기에 그 자체로는 그리 중요한 것이 아니다. 중요한 것은
추진력의 원칙이다. 압운 2행 연구를 살펴보면 추진력을 이해
하고 활용하는데 능숙해질 것이다. 그렇게 되면 희곡을 대하는
데 친숙해질 것이다.

다른 추진력들

희곡에는 매 순간마다 관객에게 기대감을 갖게 만드는 작은

추진력과 희곡의 전체 행동에 관계되는 중요한 추진력이 담겨 있다. 희곡을 읽다 보면 중요한 대립세력이 언젠가는 정면으로 충돌하리라는 암시를 받게 된다. 햄릿은 머지않아 클로디어스와 대결하게 될 것이다. 이런 대결에 대한 기대 속에서 관객은 하루 저녁을 사로잡히는 것이다. 이러한 대결을 보고 싶게 만들지 못하는 작품은 아무리 다른 구성요소들이 매력이 있다고 하더라도 지루함을 면치 못한다.

셰익스피어는 햄릿과 클로디어스가 거의 대결을 할 뻔하게 만들어 관객의 애를 태운다. (유령이 거의 말을 할 순간에 닭이 울어서 애를 태운 것처럼 말이다.) 햄릿은 클로디어스를 죽일 수도 있었으나 그냥 살며시 물러나 왕이 기도하도록 내버려둔다(제3막 3장). 셰익스피어는 계속 관객을 자극하면서 연극의 마지막 장면에서 결정적인 대결을 하도록 이끌어간다.

어떤 희곡이든지 그처럼 결정적인 대결을 암시하여 관객을 열광시켜야 한다. 결국 맥베드는 응분의 대가를 치르게 될 것이므로 관객은 그가 어떻게 대가를 치르는지 보고 싶어지는 것이다.

관객은 『리어 왕』에서 기묘하게 얽힌 두 이복형제 에드먼드와 에드가가 결국 제각기 자신에 어울리는 보상을 받게 될 것이며 리어 왕과 코딜리어도 그렇게 되리라는 걸 안다. 관객에게 그런 결말을 보고 싶도록, 사로잡히고 유혹당하고 부추김을 당하고 싶은 마음이 들도록 만들어야 한다. 거기에 공연의 긴장감이 존재한다. 다른 어떤 결함보다도 작품을 망치는 가장 중요한 요인은 바로 긴장감의 부족이다.

간혹 추진력이 약속한 것이 충족되지 않을 때도 있다. 관객이 보고 싶도록 만든 사건이 발생하지 않는 경우이다. 그래도 괜찮을 수 있다. 희곡작가가 속이지 않은 경우이기 때문이다. 체홉의 『벚꽃동산』에서는 누군가 총을 휘둘러댄다. 그 시절 연극의 첫 부분에서 총이 무대에 나오게 되면, 막이 내릴 무렵에 총은 꼭 발사되어야 했다. 그래서 관객은 총이 발사되기를 기다린다. 그러나 『벚꽃동산』에서는 아무도 총에 맞지 않는다. 관객이 기대를 가지고 기다린 일이 결코 발생하지 않는다. (이런 걸 '체홉식 Chekhovian'이라고 부른다.) 그러나 총이 발사하지 않았다고 하더라도 추진력의 효과는 같다. 관객은 주의를 기울이도록 유도되었기 때문이다.

블라디미르와 에스트라공은 언젠가는 고도가 오리라고 기대한다. 마찬가지로 관객도 고도가 오는 것을 보고 싶지만, 기대는 충족되지 않는다. 그래도 기대감은 연극이 전개되는 내내 관객을 극 안으로 끌어들이는 효과를 발휘한다. (이제 『고도를 기다리며』는 고전이 되어서, 수준이 높아진 관객은 고도가 결코 오지 않는다는 것을 알고 객석에 앉아 있다. 그래서 요즘의 관객은, 언제라도 고도가 나타날 듯한 긴장감에 압도되어 숨을 죽이며 연극을 보던 과거의 운 좋은 관객들보다 지루함을 느끼기 쉽다.)

『오이디푸스 왕』에서 관객은 주인공이 알게 되는 끔찍한 진실을 미리 알고 있는 상태에서 극장에 들어간다. 소포클레스가 작품을 처음 올렸던 날 밤 아테네 시민들도 그러했다. 『벚꽃동산』에서 총이 발사되지 않고, 고도가 오지 않는 사실과는 달리 『오이디푸스 왕』에서는 기대하는 장면이 전개된다. 관객은 확실히 이를 알고 있다. 그러나 그 기대감은 관객이 이미 알고 있으며 제대로 파악하고 있는 진실의 겉모습에 지나지 않는다. 진정으로 관객이 보고 싶은 것은 오이디푸스가 자신의 끔찍한 진실을 대면했을 때, 과연 어떤 반응을 보일 것인가 하는 것이다. 즉, 그렇게 자랑스럽고, 편안하고, 도덕적이며, 행복하고, 운 좋은 가정적인 남자가 이불 밑에서 일어난 일과 네거리에서 저지른 과거에 숨어있던 참혹한 일들을 알게 되었을 때, 과연 무엇을 할 것인가? 만일 관객이 그것을 알고 싶도록 만들지 못하면 이 희곡으로 연출할 수 있는 게 별로 없다. 대신 엉뚱한 기교로 관객을 현란하게 만들지 모른다.

몇 년 전 텔레비전 드라마 『가족의 모든 것 All in the Family』에서 누구나 호감을 가지는 고집쟁이 아치 벙커가 현관문을 열고 새로 이사 온 이웃을 처음으로 맞이하는 장면이 있었다. 그 장면은 주인공 아치가 새로 이사 온 이웃이 자기 부류의 사람이 아니라는 사실을 알게 되면서 끝이 난다. 그러나 미국에서 광고가 나갈 동안 채널을 돌린 사람은 아마 없을 것이다. 대부분 고집쟁이 아치가 그 다음에 무엇을 할지를 보고 싶었던 것이다.

셰익스피어, 소포클레스, 『가족의 모든 것 All in the Family』의 작가, 베케트, 체홉, 그 어떤 작가가 썼든지 희곡은 추진력으로 관객을 계속해서 붙잡아 두고 있다.

사소한 것도 놓치지 말자

추진력에는 사소한 것도 있다. 『에쿠우스』에서 정신과의사가 대사 한마디를 던진다. 자신에게 치료받는 소년의 집을 처음으로 방문하러 가는 길에 "(그 집에) 종교에 대한 갈등이 있다면 안식일 저녁이면 모두 밝혀질 거요!"라고 말한다.

그냥 아무렇지 않게 내뱉는 대사 같지만, 소년의 집에서 벌어지는 장면에 더 주의를 기울이게 하면서, 종교에 대한 긴장감이 있으리라는 기대감을 갖게 만든다. 관객은 주의 깊게 관심을 기울인 대가로 연극적인 장면을 보장 받는다. 관객이 얻을 수 있는 보상이다. 보너스로 관객의 관심은 연극의 중요한 장면의 핵심으로 안내받는다.

『에쿠우스』는 추진력을 연구하기에 훌륭한 작품에 속한다. 그 작품은 추진력으로 가득 차 있다. 첫 번째 이미지부터 관객은 호기심을 느낀다. 그래서 관객은 극장에 들어서자마자 전에는 전혀 관심을 기울이지 않았을 것들에 세심한 주의를 기울인다. 『에쿠우스』에서 추진력을 찾아보라. 피터 셰퍼 Peter Shaffer 는 추진력을 적절하게 잘 구사하는 대가다. 그로부터 많은 걸 배울 수 있다.

추진력은 관객이 객석에서 자리를 뜨지 않고 열심히 보게 만들면서, 희곡작가가 가장 중요한 요소라고 생각하는 것에 관심을 집중시키게 만든다. 아마 이 책 다음 장에는 영어로 된 농담 가운데 가장 재미있는 농담이 들어 있으며 누구나 흥분할 만한 기막힌 포르노 사진이 들어 있거나, 어느 누구도 들어보지 못한 가장 무시무시한 귀신 이야기, 또는 공연장에서 마음에 드는 일자리를 쉽게 구하는 비결이 들어 있거나, 저자의 사진이 들어 있다면 아마 누구나 다음 장을 곧바로 읽을 것이다. 그게 거짓이든 아니든 말이다.

그게 바로 추진력이다.

❏ **초점:** 극적 긴장은 다음에 무슨 일이 일어날지 알고 싶어하는 관객의 욕구를 필요로 한다. 욕구가 크면 클수록, 관객의 참여도 그만큼 더 커지며 능동적이 된다. 희곡작가들은 다음에 벌어질 일에 대한 갈망을 키우기 위해 추진력이란 테크닉을 사용한다. 그런 테크닉은 희곡작가가 중요하다고 생각하는 요소에 관객을 집중하게 만드는 비결이기도 하다.

10. 실종된 인물 (등장인물)

Missing Persons (Character)

거기 누구냐?
『햄릿』 제1막 1장 1행

인물 파악은 어려운 작업

등장인물을 분석하거나 창조해내는 작업은 연극에서 상당히 전문화된 분야에 속한다. 연극 이외의 분야에서 사용하는 분석 방법으로 인물 창조에 도움을 받을 수도 있지만 때로는 엉뚱한 결과를 가져오게 하여 방해를 받기도 한다.

그 이유는 연극 drama에서 등장인물은 단 한 가지 방법, 즉 행동 action에 의해서만 드러나기 때문이다. 행동은 한 인물이 '행하는 것 deed'을 의미한다. 디드 deed라는 단어는 진실 truth 을 의미하는데 '정말로 indeed'라는 단어를 보면 알 수 있다. 사람들은 한 인물이 저지르는 짓을 통해서 성격 personality을 파악할 수 있다고 생각해 왔다. 연극에서도 다른 방법으로 등장인물을 드러내는 경우가 드물어 이 방법은 오랫동안 관습처럼 사용되어 왔다. (좀 위험한 방법이긴 하지만 한 가지 예외가 있는데 나중에 살펴볼 것이다.)

등장인물은 한 사람을 다른 사람과 구분지어 주며 동시에 그 인간의 본질을 드러내는 모든 자질, 성질, 특성 등으로 구성된다.

등장인물은 "나는 누구인가?"라는 물음에 답을 해야 한다. 가장 짧은 대답은 이름이다. "성함이 어떻게 되시죠?"라고 병원의 접수계가 묻는다. 환자는 이름을 댄다. 그 상황에서 가장 짧은 적절한 대답이다. 하지만 답을 길게 하려면 끝이 없다. 환자는 몇 시간, 며칠, 몇 달 동안 계속해서 자신이 누구인지 설명할 수 있다.

짧은 대답(이름만 말하기)과 긴 대답(끝없이 혼자 말하기) 사이의 중간 부분에 등장인물을 창조하는데 필요한 적절한 정보가 놓여 있을 것이다. 일반 문학에서는 등장인물에 대하여 드라마보다 훨씬 많은 양의 정보를 제공한다. 사실, 드라마에서는 거의 제공하지 않는다. 우리는 관객이 햄릿에 대해 아는 것보다도 우리 이웃을 더 잘 알고 있을 것이다. 햄릿과 이웃에 대해 알고 있는 정보의 차이는 바로 연극이라는 장르 때문에 비롯된다. 너무나 명백함에도 불구하고 자주 잊어버리는 점은, 세상에 햄릿 같은 실제 인물은 존재하지 않는다는 사실이다.

리어 왕 King Lear, 혹은 윌리 로만 Willy Loman, 혹은 오이디푸스 Oedipus, 또는 아치 벙커 Archie Bunker 같은 사람은 세상에 없다. 그들은 존재하지 않는다. 과거에도 존재한 적이 없다. 그들은 주의를 기울여 선택한 특성만을 지닌 인물들로써 오직 희곡 텍스트 안에서만 존재한다. 대본 안에 존재하는 등장인물은 정말 몇 안되는 특성만을 보여줄 뿐이다. 무대에서 등장인물은 배역을 맡은 배우에 의해서 상당부분이 결정된다. 로렌스 올리비에는 올리비에이다. 말론 브란도는 브란도이다. 두 배우가 햄릿을 맡아 작품해석을 같이 한다고 해도 그들이 창조하는 인물은 다를 수밖에 없다. 로렌스 올리비에는 말론 브란도가 아니기 때문이다.

희곡의 등장인물은 실제인물이 아니다. 관객은 희곡에서 등장인물에 관한 모든 것을 발견할 수 없다. 희곡작가는 많은 것을 제공하지 않는다. 왜냐하면 많은 것을 제공하면, 배역을 결정하기가 더 어려워지기 때문이다. 희곡작가는 배우의 본질에 의존하기 위하여 등장인물의 대부분을 빈 칸으로 남겨놓는다. 이것이 희곡이 소설보다 짧은 이유에 속한다. 소설은 배우를 위하여 빈틈을 제공할 필요가 없다. 그래서 오이디푸스에 대한 것보다 소설의 주인공에 대한 묘사가 긴 게 사실이다. 희곡에는 사람의 전체 모습보다도 골격만이 담겨 있다.

유능한 희곡작가는 등장인물을 독특하게 만들기 위해서 인물의 골격에 대한 선택을 제한한다. 배우는 등장인물의 상투적인 부분을 없애버림으로써 인물의 독특함을 만들어 낸다.

인물의 골격, 즉 작가가 주의를 기울여 선택한 등장인물의 특성은 행동을 통해 드러난다. 코러스, 또는 해설자, 또는 독백을 이용하여 등장인물의 속마음을 드러내거나 설명하는 수법은(예를 들어 등장인물이 스스로, '잘 알고 있겠지만, 나는 형의 정직하지만 어리석은 쌍둥이 동생입니다'라고 말하는 설명) 주목을 받지 못한다. 때때로 행동으로 드러낼 수 없는 경우에 어떤 중요한 점을 드러내는 특별한 수법으로 사용될 수도 있기 때문에 무시할 필요는 없겠지만, 코러스, 해설자, 독백의 장치는 어디까지나 등장인물의 행동의 보조적 장치일 뿐이다.

행동의 올바른 이해

행동 action은 제스처나 몸을 위아래로 점프하는 등의 신체적 행위를 뜻하는 게 아니란 사실을 명심하자. 행동은 장애물이 있음에도 불구하고 이를 극복하고 원하는 것을 얻기 위해 등장인물이 수행하는 일로 나타난다. 등장인물을 탐구하는 첫 단계는 인물의 욕구(1), 그 인물이 추구하는 길목에 놓여 있는 것(즉, 장애물)(2), 욕구를 충족시키기 위해 기꺼이 하려는 일(3)을 알아내는 것이다. (물론, 이 단계는 이름, 나이, 성별, 지위 그리고 주어진 상황을 분명하게 파악한 다음에 오는 것이다. 예를 들어, 햄릿은 30대 초반이고—제5막 1장을 주의 깊게 읽으면 알 수 있음—남자이고, 덴마크 왕자이며, 아버지의 죽음에 슬퍼하고 있다. 이러한 분명한 사실을 그냥 넘기지 말자. 많은 사람들은 희곡 제목이 『햄릿, 덴마크의 왕자』임에도 불구하고, 주인공이 왕자라는 점을 놓친다. 그래서 왕자가 지녀야 할 덕목이나 왕자에게 기대할 만한 것에 주목하지 않는다.)

분명한 것이 파악되면 다음엔 등장인물이 무엇을 하는지 연구하자.

사람들이 말하는 것은 확실하지 않으므로 등장인물이 자신을 묘사하거나, 상대방이 늘어놓는 인물에 대한 묘사는 실제의 모습과 거리가 있다. 폴로니어스가 햄릿을 설명하는 걸 예로 들어보자.

> **폴로니어스** *(클로디어스와 거트루드에게)*
> 간단히 말해서, 폐하의 귀하신 왕자님은 미쳤어요.
> 미쳤다고요. 진짜 미쳤다는 걸 증명하기 위해서
> 미쳤다는 것밖에 달리 뭐가 있겠습니까?
> 그 분은 미쳤습니다, 진짜로요.
>
> 제2막 2장 92-97행

햄릿이 오필리어에게 이상한 말을 한 것을 보고 폴로니어스는 햄릿이 미쳤다고 결론을 내린 것이다. 폴로니어스가 모든 사람들을 대변해서 햄릿이 미쳤다고 판단했기 때문에 오랫동안 독자와 비평가들은 이에 동의하고 말았다. 희곡을 읽는 것으로만 작품을 판단한다면 독자는 무엇이 행해지는가보다는 무엇이 말하여지는지에 무게를 두는 잘못을 저지르기 쉽다. 그러나 공연에서 관객은 무엇이 행해지는가에 무게를 둔다. 희곡작가는 관객을 위해 희곡을 쓴다는 사실을 잊지 말자.

무엇이 행해지는가? 햄릿은 우선 한 가지 목적을 이루려 한다. 폴로니어스가 자신을 미쳤다고 믿게 만들기 위해서 햄릿은 오필리어를 찾아가 이상한 말을 늘어놓는다. 햄릿의 전략은 딱 들어맞아서 폴로니어스 뿐만 아니라 몇 백년에 걸쳐 셰익스피어의 주석가 집단도 이처럼 믿고 말았다. 주석가들은 햄릿이 우울증에 빠졌다고 말하자 로젠크란츠와 길덴스턴처럼 속아 넘어간다.

> **햄릿** *(로젠크란츠와 길덴스턴에게)*
> 요즘 난, 웬일인지 몰라도 온갖 기쁨이 다 사라져 버렸어.
> 보통 때 즐기던 걸 모두 끊어 버리게 되니까
> 즐거운 마음이 울적해진단 말이야. 이 세상도 말이야,
> 아주 황량한 곳으로만 보여.
>
> 제2막 2장 295-99행

로젠크란츠와 길덴스턴 뿐만 아니라 독자들 대부분도 햄릿의 이 대사를 진짜로 받아들인다. 그러나 바로 전 장면에서 햄릿은 로젠크란츠와 길덴스턴이 그를 염탐하려고 보내진 사람들이란 사실을 알아차리지 않는가? 햄릿은 충분한 이유를 가지고 있기 때문에 그들이 믿을 만한 거짓말을 한다.

등장인물은 종종 다른 인물을 속이기 때문에 자신 스스로에 대한 묘사를 곧이곧대로 믿으면 안된다. 다른 인물에 대한 묘사 역시 말하는 사람이 잘못 알고 있거나 거짓말을 할 수 있기 때문에 들은 대로 믿으면 안된다.

묘사는 행동을 점검함으로써 입증된다. 행동 또한 묘사를 입증하는데, 그것이 적합하거나 틀렸다는 판정을 내린다. 모든 묘사는 적합하거나 잘못되었거나 둘 중의 하나일 뿐이다.

행동의 요소: 무엇과 왜?

등장인물이 무엇을 하는가를 알면 그 인물의 절반을 이해한 다고 말할 수 있고, 그 나머지는 왜 그런 행동을 하는가에 달려 있다.

햄릿은 무방비 상태에 놓여 있는 늙은 남자를 칼로 찔러 죽인다.(무엇을 행한 행동) 그 행동으로 햄릿은 잔인하고 정당하지 못한 사람처럼 보인다. 왜 그런 행동을 하는가? 왜 폴로니어스를 죽이는가? 커튼 뒤에 있는 사람이 클로디어스 왕이라고 생각했을까? 만일 그렇게 생각하고 행동을 했다고 볼 때, 여전히 햄릿을 잔인하고 정당하지 못한 사람으로 봐야 하는가? 만일 햄릿이 그가 폴로니어스라는 사실을 알고 있었다면, 즉 폴로니어스가 클로디어스의 범죄에 은밀하게 개입되어 있을 수도 있을 거라는 가능성 때문에 햄릿의 인물에 대한 평가가 달라질 수 있는 것인가?

어떤 사람이 개를 발로 찼다. 그는 개를 좋아하는 사람이다. 개를 발로 차는 것은 그 사람 성격 밖의 행동이다. 그런데도 그는 개를 발로 찼다. 그 행동은 그 사람이 개를 좋아하지 않는다는 걸 뜻하는가? 꼭 그렇지만은 않다. '행동/무엇'은 개를 발로 차는 것이지만, '행동/ 왜'는 미친개가 이웃을 물려고 하기 때문에 그 사람을 구하려는 것으로 나타나는 것이다.

또 다른 예로 그 사람은 개를 좋아하지만 작고 깜찍한 개는 좋아하지는 않는다. 그가 어떤 작고 깜찍한 개를 보자 발로 찼다. 그렇다면 그 사람은 어떤 사람인가? '행동/ 왜'라는 요소를 변화시키면 색다른 등장인물을 창조할 수 있게 된다.

행동의 차이: 주장과 진실

말로 주장하는 행동과 진실한 행동의 차이는 등장인물에 대하여 많은 점을 드러낸다. 햄릿을 영국에 보내 죽이려는 계획을 세운 클로디어스는 햄릿에게 '왜' 영국으로 가야 하는지 설명한다. 햄릿은 폴로니어스를 죽였기 때문에 위험에 처했다고 클로디어스는 주장한다.

클로디어스 햄릿, 이번 일로 네 안전을 걱정하지 않을 수 없다.
　　　　　　너무 지나친 일이 일어나서 마음이 아프구나.
　　　　　　네가 저지를 일 때문에 잠시 떠나 있어야겠다.
　　　　　　조금도 지체할 수 없으니 당장 떠날 준비를 하여라.

> 떠날 배편도 마련해 두었고 바람도 순풍이다.
> 시종들도 대기시켜 두었고, 모든 준비는 완료되었다.
> 영국으로 가라.

햄릿　　　　　　　　영국으로요?

클로디어스　　　　　　　　그렇다, 햄릿.

햄릿　　　　　　　　　　　　좋습니다.

클로디어스　그럴 수밖에 없어, 내 맘을 알아주면 좋겠다.

햄릿　　케루빔 천사처럼 마음을 들여다보고 싶군요

제4막 3장 40-48행

햄릿은 진실한 행동을 알고 있다. 아니면 적어도 클로디어스가 좋지 않은 일을 꾸몄다고 의심하고 있다. 우리는 주장하는 행동과 진실한 행동 사이에서 차이를 발견할 때, 그 인물의 진정한 모습을 다시 보게 된다. 이는 무대 위에서나 일상에서나 똑 같다.

요약하면, 인물은 처음부터 끝까지 행동 안에서 존재한다. 등장인물은 말로 묘사되는 게 아니라 행동으로 관객에게 보여진다. 인물은 '무엇'과 '왜'라는 행동의 요소로써 드러나는데, 주장하는 행동과 진실한 행동의 차이에서 깊이 있는 제 모습이 밝혀진다.

다시 강조하건대 행동은 말보다 설득력이 있다. 말은 행동보다 가볍다. 이것은 언어가 중요하지 않다는 의미가 아니다. 언

어도 중요하지만 단순히 묘사만 된다면 언어는 의심을 받게 된다. 만일 누군가 당신에게 "메리 크리스마스!"라고 말을 건네자, 당신이 "야, 난 해마다 찾아오는 크리스마스를 끔찍하게 싫어한다는 걸 몰라?"라고 받는다면 연극적 효과는 약하다. 당신은 자신을 제대로 묘사했지만 관객은 그런 표현에 별로 주의를 기울이지 않는다. 차라리 "메리 크리스마스!"라는 말을 듣자마자, "체, 지랄하네!"라고 받는다면, 관객은 그 표현을 행동으로 받아들일 것이다.

주체성, 인물의 변화, 신비로움

등장인물을 가장 풍부하게 드러내게 하는 행동은 실제 생활에서처럼 무대 위에서도 같은 기능을 한다. 관객은 서로가 각자 보고 해석하는 방식이 다르기 때문에 행동을 찾아서 등장인물을 파악해야 한다. 일상생활에서는 상대방이 누구인지에 기초하기보다 자신의 기준에 따라 상대방을 인식하고 파악한다. 인물의 객관적 분석은 가능하지 않다. **인물파악 characterization은 부분적으로 보는 사람의 눈에 달려 있다. 사람들은 늘 자신을 기준으로 다른 사람을 판단하기 때문이다.**

이런 이유로, 등장인물의 해석의 폭은 아주 넓다. 보통 작품의 구성에 대해서 대부분 쉽게 동의할 수 있다. 구성은 희곡 안에 존재하고 보통 명확하기 때문이다. 작품의 주제에 관해 다소간의 차이가 있다하더라도 동의할 수 있다. 그러나 관객 두 명이 한 등장인물을 똑같이 정확하게 보고 있다고 볼 수 없다. 관객은 그저 등장인물의 뼈대만을 볼 뿐, 각자의 기준으로 나머지를 판단을 하기 때문이다.

그럼에도 불구하고, 공연의 성공은 등장인물이 어떻게 받아들여지는가에 달려 있다. 등장인물의 이해에 도달하는 길에 놓여 있는 걸림돌이나 덫을 조심해야 한다. 특히, 조심하여야 할 덫은 등장인물이 작품 안에서 변한다고 믿고 있는 오래된 통념이다. 그러나 작품속의 인물은 실제 생활에서 사람이 변하는 것보다 더 많이 변하지 않는다. 만일 등장인물이 쉽게 변한다면 관객은 그런 인물을 믿지 않을 것이다. 태도는 변할 수 있다. 물론 세상을 살아가는 방식도 변할 수 있다. 한 인물에게 특정한 성질이 변한 듯 보일 때도 있지만, 사실 면밀하게 살펴보면 인물을 둘러싼 상황이 바뀐 경우일 때가 많다. 등장인물의 성질들이 변함없이 만족스럽게 유지되어야 관객은 등장인물을 더욱 편안하고 쉽고 효과적으로 받아들여진다.

『리어 왕』에서 예를 들어 보자. 에드거의 사악한 동생, 에드먼드는 끝에 가서 갑자기 과거를 "후회한다."

에드먼드　가슴이 벅찹니다. 난 지금까지 내 멋대로 살아왔지만 착한 일 하나만 하고 가고 싶소

제5막 3장 244-245행

제 아버지를 망쳤던 에드먼드가 변한 것인가? 그 악당이 갑자기, 자기가 죽게 되자, 태도를 바꾸었단 말인가? 정말로 자신의 '본색'을 바꾼 것인가?

인물의 변화는 가능한가

실제로 벌어지는 상황은 아주 그럴듯하다. 서자인 에드먼드는 처음부터 적자인 에드거와 같은 대접을 받기를 원했다. 그래서 에드먼드는 에드거와 같아지려는 계획을 착수하게 되는데, 바로 에드거의 땅을 차지하려고 한다. 그러나 제5막에 이르러서 에드거가 존경을 받는 것은 땅이 아니라 어진 성품이라는 점이 밝혀진다. 이제 에드먼드는 그가 항상 원하던 것, 즉 에드거와 같아지기 위해서는 어진 성품을 지닌 것처럼 보여야 한다. 그의 성질도 욕구도 변하지 않았다. 에드먼드의 인물 됨됨이는 변하지 않는다. 상황이 변하자 그에게 색다른 삶의 전략을 요구하게 만든 것이다. 에드먼드는 늘 에드먼드로 남는다.

전체 과정은 다음과 같다. 등장인물을 이해하기 위해선, 동기를 조사하고, 장애물을 조사한 다음에, 그 장애물을 극복하기 위해 무엇을 하고 있는지, 또는 무엇을 계획하는지를 조사하면 된다. 장애물은 변할 수 있지만 총체적인 동기는 거의 변하지 않는다. 등장인물이 원하는 것은 변하지 않는데, 변하는 것은 그것을 얻는 방법일 뿐이다.

따라서 최고의 성격창조 characterization는 본질적으로 미스터

리로 남게 된다. 오직 솜씨가 떨어지는 희곡작가나 (또는 공부
가 덜된 심리학자의 경우) 인간의 전모를 드러내거나 이해하려
고 애를 쓴다. **분명하고 합리적이며 완벽하게 설명할 수 있는
등장인물은 존재하지도 않을 뿐더러 지루하고 받아들이기
어렵다.** 실제 일상에서도 그런 사람은 발견할 수 없다. 햄릿,
리어, 오이디푸스는 평범한 사람들이 실제 생활에서 서로에게
그리고 스스로에게도 모호함과 의아함을 지니고 있듯이 궁극적
으로 미스터리로 남아 있다. 그러한 미스터리는 메디아, 파우스
트 박사, 맥베드, 시라노 등과 함께 우리가 모두 공통으로 가질
수 있는 성질이며, 그 정도 선에서도 인물을 파악하기엔 충분하
다. 그것은 우리 모두가 함께 지니고 있는 성질이며 장점과 약
점이 한데 합쳐서 나타나는 것이다. 기계공이 망치로 사람을 두
드려서 몸집을 작게 줄일 수 없듯이 등장인물에게서 본질적인
미스터리를 단순하게 줄이거나 없애려는 노력은 허망하다. 그
런 방법으로 인물을 살아 있게 만들 수 없다. 무대의 의도는 등
장인물을 살아있는 인간으로 일으켜 세우는 것이다.

　"나는 누구인가?" 아무도 완벽한 대답을 할 수 없다. 무대 위
에 등장인물을 세우는데 도움을 얻으려면, 작가이든, 배우이든,
연출이든지 간에 찾을 수 있는 등장인물의 모든 구체적인 편린
들을 확보해야 한다. 그런 다음에는 명심할 것이 하나 있다. 수
십 년 동안 수행한 집중적인 심리학적 연구나 조사가 있었다고
해도 **등장인물이 행하는 것**보다 더 좋은 방법으로 등장인물을

나타내거나 해석하는 방법은 없었다는 사실 말이다.

　희곡의 인물을 그들의 삶이 희곡에 매달려 있는 것처럼 연구해야 한다. 거기에 배우의 역량을 합치면 등장인물이 태어난다.

❏ **초점:** 등장인물은 본래 무엇을 하는가에 의해 드러난다. 희곡의 핵심은 인물의 골격만을 제시하고 있다. 관객은 등장인물을 배우와 연결 지어서 판단하기 때문이다. 게다가 인물은 드라마에서 가장 주관적인 요소이다. 관객은 자신의 본성에 의지하여 한 등장인물을 제각기 다르게 인식하기 때문이다. 희곡을 읽어내는 가장 효과적인 방법은 행동에 의해 드러나는 등장인물의 골격을 발견하는 일이다.

11. 이미지
Image

두 가지 의사소통

일반적으로 의사소통의 방법에는 두 가지가 있다. 첫 번째, 주로 과학과 철학의 영역에서 일어나나는 방식으로 한 번에 현상 하나씩 묘사하는 방법이다. 분리할 수 있는 요소 하나하나에 대하여 가능한 개별적으로 충실하게 묘사한다. *"그녀의 얼굴 근육이 긴장하여 그녀의 피부와 확실하게 구별되는 새하얀 이를 가릴 만큼 입술이 오므라들어 버리고 말았다."* 소위 사전적 정의는 보통 이러한 의사소통 방식에 속한다. 다음은 아메리칸 헤리티지 사전에 나온 달의 정의이다.

달: 지구에 속한 천체 위성. 햇빛에 반사되어 보이고 약간 타원의 궤도를 지니며, 지구에서 가장 가까울 때, 약 221,600마일, 가장

멀리 있을 때, 약 252,950마일 떨어져 있다. 평균지름은 2,160마일 이고 부피는 지구의 약 8분의 1이다. 태양을 기준으로 계산할 때 지구를 한 바퀴 도는 평균 시간은 29일 12시간 44분이다.

의사소통의 두 번째 방식은 한 번에 하나를 표현하기보다도 집단적이거나, 여러 가지의 조합이나 동시적인 요소들을 나타내어서 전체적이고 완전한 것과 관련을 갖고 있다. 이는 첫 번째 방식보다 덜 정확하지만 더욱 더 많은 것을 떠오르게 만든다. 이는 예술의 영역에 속한다. *"그녀의 미소는 갑작스런 눈보라를 뚫고 나온 아침노을이었다."* 또는 『한 여름밤의 꿈』에 나오는 예와 같다.

테세우스　　아, 그런데 저 늙은 달은
　　　　　　　왜 빨리 기울지 않고 꾸물거리나. 계모나
　　　　　　　상속받은 과부처럼 내 소원을 들어주지 않는구나.
　　　　　　　　　　　　　　　　　　　제1막 1장 3-5행

첫 번째나 두 번째나 우위를 가릴 수 없다. 표현에 서로 다른 목적이 있을 뿐이다. 첫 번째 방식은 표현의 범위를 구체화시키고 제한시킨다. 두 번째 방식은 연장시키고 상상을 불러일으킨다. 첫 번째는 묘사하는 대상과 관계가 있다. 달 자체는 사전에서 정의한 그대로의 사물이다. 그러나 두 번째 방식, 이미지를 차

용하는 방식은 묘사하는 대상을 대하는 우리의 반응과 관계가
있다. 정월의 어느 날 새벽 4시 자작나무 숲 속 나무 사이로 비
추는 달빛은 과학적으로 묘사될 수 있지만 그 분위기에 대한
우리의 정서적 반응은 어떤 사전에서도 찾아볼 수 없다. 손톱으
로 칠판을 긁어 댈 때 들리는 소리를 과학적으로 설명할 수 있
지만 어떤 사전에서도 들리는 소리의 반응에 대한 묘사는 찾아
볼 수 없다. 전체성은 상상을 불러일으키는 여러 가지 요소들의
복합을 필요로 하는데 바로 이미지의 기능이 그러하다.

　"*그녀는 코끼리 같은 남편 옆에서 참새처럼 걸었다.*" 이미지
없이는 한 문장에 포함하고 있는 의미를 모두 설명하는데 여러
페이지를 서술해야 할 것이다. **이미지는 알지 못하거나 쉽게
설명할 수 없는 것을 알게 해주거나 쉽게 설명할 수 있게 만
드는, 우리가 이미 알고 있는 어떤 것들을 이용한다.** 이미지
를 사용하지 않는다면 내 이웃이 자동차를 어떻게 몰고 갔는지
를 설명하는 데 제법 많은 문단의 표현과 예를 수없이 들어야
할 것이다. 그러나 이미지 하나로 이미 알고 있는 몇몇 단어로
상당한 반응을 이끌어 낼 수 있는 것이다.

　이런 식이다. "*그 여자는 차를 멈추고 총을 겨눴다.*" "*그 여자
는 남편을 지옥에 사는 박쥐처럼 내팽개쳤다.*" 사람마다 이미지
(지옥에 사는 박쥐)를 서로 조금씩 달리 해석할지 모른다. 그래
서 예술작품에 대한 각자의 반응이 색다르게 나타나는 것은 자
연스럽다. 우리가 비록 비과학적인 방법을 논의한다고 해도 점

점 과학적인 방법을 사용할 것이다. 과학적인 소통방법에서 모호함은 나쁜 것이다. 정확한 정의를 내려야 한다. **정확성은 과학을 위해서 전체성을 대신하지만, 전체성은 예술을 위해서 정확성을 대신한다.** *"그 여자는 화학자처럼 요리를 한다."* 여기에는 정확한 정보가 담겨 있지 않지만 그 여자에 대하여 많은 걸 말해 주고 있다. 그 몇 단어만으로도 그 여자를 그려낼 수 있다. 어떻게 요리를 하는지, 부엌은 어떻게 생겼는지, 무엇을 입었는지까지 그릴 수 있다. 그 여자의 성격이랑, 그 여자가 차리는 요리를 추측해 낼 수 있다. 이 많은 것들이 불과 몇몇 단어로 소통된다. 물론 듣는 사람에 따라 약간 달리 받아들여질 것이다.

이미지는 압축파일이다

이미지는 정보를 압축하여 작은 공간에 많은 정보를 제공한다. 이미지는 오직 관객이 받아들이는 태도와 상상력에 의해서만 제한을 받는다. 『햄릿』의 제1막 1장에서 버나아도는 호레이쇼가 유령을 믿지 않자, 다음과 같이 말한다.

Bernardo	Let us once again assail your ears
	That are so fortified against our story
버나아도	우리 얘기를 절벽으로 막고 듣지 않으니
	그 귀에다 다시 퍼 볼 수밖에 없어요

제1막 1장 31-32행

얼마나 많은 것이 이 대사로 소통되는지 살펴보자. 호레이쇼의 태도가 세실 데밀 감독의 웅장한 영화장면처럼 그려지고, 버나아도가 이에 어떻게 대응하는지 나타난다. 말하는 사람을 둘러싼 상황으로부터 이미지가 우연치 않게 발생한다. 덴마크는 전쟁을 준비 중이며 장면은 전투가 벌어질 성루에서 일어난다.

표현의 효과는 단어에 대한 개개인의 반응에 의존한다. '공격하다 assail'(퍼붓다), '강화하다 fortified against'(절벽으로 막고)와 같은 전투와 관련된 단어는 듣는 사람에 따라 약간씩 다른 반응을 불러일으킨다.

원래 이미지는 눈에 정확히 보이는 것들을 의미했다. 거울의 이미지, 동굴 벽의 이미지, 사진의 이미지 등, 시각적으로 재생산된 걸 의미했다. 그러나 이제는 시각적이든 아니든 감각으로 지각한 모든 형태를 의미한다.

희곡에서 재생산은 단어의 형태로 나타난다. 희곡을 읽을 때 우리는 이미지를 찾아내고 추출해야 한다. "그는 *메스꺼움이 파도치듯 방으로 들어섰다*"는 하나의 이미지다. 그 이미지는 감각(메스꺼움)으로 지각할 수 있는 것의 재생산이다. 이미지는 우리가 아는 것(메스꺼움)을 이용하여, 우리가 모르는 것(그가 어떻게 방에 들어오는지)을 설명해 준다.

햄릿　　　세상만사 따분하고 맥빠지고 시시하고 쓸모가 없구나.
　　　　　　에이 짜증나는 세상, 돌보지 않는 정원에

잡초만 번식하는구나. 야비하고 추잡한 게 서로 얽혀
제멋대로 놀아나는구나.

제1막 2장 133-136행

이미지는 재생산된다. 돌보지 않은 정원의 이미지는 우리 모
두가 상상할 수 있고 이해한다. (물론 사람마다 제 나름대로 받
아들이겠지만) 그래서 그에 대해 반응하는 것이다. 햄릿의 세상
에 대한 태도에 대하여 우리는 지적이며 동시에 정서적으로 반
응한다. '돌보지 않는 정원' '잡초만 번식' '야비하고 추잡한 게
서로 얽혀'에서 우리의 정서적 연상과 반응은 정확한 지적 인식
만큼 중요하다. (정원이 널려 있는 시골에서 자란 사람과 집안
창가에 화분 한두 개밖에 없는 도시 환경에서 자란 사람이 갖
는 연상은 크게 다를 것이다.)

연극이 진행되면서 감정적 반응과 연상작용은 누적된다. 결
과적으로 반응의 누적은 관객들로 하여금 이해시킬 뿐만 아니
라 정서적 경험을 하도록 만든다. **이해와 정서적 경험의 동시
적 소통은 예술의 영역에 속한다. 정서적 맥락없이 이해만
하거나, 상상을 자극하는 개인적 반응이 없는 이해는 철학이
나 과학의 영역에 속한다.**

이해와 정서적 경험은 이미지를 통해서 동시에 의사소통이
일어난다. 작은 표현구를 뒷받침해주는 작은 이미지나 전체를
지배하는 이미지나 모두 특별히 주의를 기울일 필요가 있다.

(테네시 윌리암즈의 희곡에 나오는 유리 장식동물의 수집품을 보라.) 이러한 이미지로 관객과 소통할 방법을 찾지 않으면 그저 정보만을 늘어놓아 밋밋한 공연을 만들어 낼 뿐이다.

제목에 담긴 이미지

명심하자. 독자로서 작품의 주제를 묘사하고 드러내 주는 이미지의 친숙한 특징을 발견해 보자. 이미지 가운데 어떤 것들이 너무 분명하면 나머지는 쉽게 잊혀진다. 바로 제목이 담고 있는 이미지다.

스트린드 베리의『죽음의 춤』 많은 사람들이 이 연극에 참여했지만 제목이 말해주는 행위에 대해서 탐구를 하지 않는다. 그저 사전에 나와 있는 의미만으로 이 작품 전체를 이해하고 '수수께끼 같은 스트린드 베리'에 대해선 별로 의아함을 갖지 않는다. '죽음의 춤'이란 무도회에 초대받은 이들이 죽음을 상징하는 해골에 이끌려 묘지를 향해 춤을 추며 따라가면서도 전혀 이를 의식하지 못하는 중세의 춤을 의미한다. 만일 조금만 주의를 기울인다면『죽음의 춤』이란 희곡의 중심 행동은 이미 제목에서 찾아낼 수 있을 것이다.

테네시 윌리암즈의『유리 동물원』 제목의 이미지는 유리로 만든 작은 동물들의 수집품이다. 섬세하고, 깨지기 쉽고, 먼지에 뒤덮인 생명력 없는 작은 물건들. 제목의 이미지를 통해 연상되는 게 무엇인지 물어보면 작품의 핵심이나 특징을 찾아낼 수 있다. 그 결과는 치밀한 연구조사를 필요로 하는 게 아니라 희곡의 등장인물들에 대한 중요한 성격을 떠올리게 만들어 준다.

아서 밀러의『시련』 아마 독자는 제목의 이미지를 생각해 보지도 않은 채 『시련』을 읽었거나, 연기했거나, 연출했거나, 디자인을 했을 수도 있다. 시련? 그거 마녀에 대한 얘기가 아닌가? 이제 독자 스스로 작품의 이미지를 연구하고 희곡에 적용시켜보자.

헨릭 입센의『유령』 이 희곡에서 어떤 죽은 사람도 돌아오지 않는다. 그러나 죽은 자는 아직도 산 사람들 주변에서 서성거린다. 이 점을 놓치면 희곡 전체의 핵심을 놓치고 만다.

『한여름 밤의 꿈』 제목은 무엇을 떠올리게 하는가? 한여름 밤이 춥고, 위험하고, 심각하고, 우울하고, 뭔가 아주 의미심장한 것을 생각나게 하는가? 아니면 그 반대인가. '꿈'이란 무엇을 떠올리게 만드는가? 이들은 실체가 없는 것, 실제가 아니다. 그러나 시간이 흐름에 따라 모두 실제라고 생각하게 만든다. 이 경우 제목은 희곡의 중심에 이르는 길을 열어주는 것이다.

꿈이 한 사람에게 일깨우는 것은 다른 사람에게 일깨우는 것과 약간씩 다르다. 차이가 가치의 일부이다. 훌륭한 예술가는 하나의 전체적 반응을 이끌기보다 전체가 개별적 반응들로 보여지기를 원한다. 그러나 그릇된 반응을 야기시키지 않도록 이미지를 선별하여야 한다. 만일 사람들이 고양이가 뜨거운 양철

지붕 위에 앉아 있기를 좋아할 거라고 믿었다면, 테네시 윌리암 즈는 희곡의 제목을 바꾸었을 것이다. 그는 관객의 반응이 약간의 차이는 있지만 거의 같을 거라고 알고 있었다. 서로 다른 고양이를 떠올릴 수 있다. 서로 다른 표정을 보기도 할 것이고 타는 듯한 지붕 위에서 고양이를 구해내는 동작도 다를 것이다. 제각기 개인적으로 차이를 보이더라도 이미지의 핵심은 여기나 저기나 같다. **성공적인 이미지는 사람에 따라 서로 다른 반응을 불러일으키긴 하지만 어떤 공통된 범주 안에 속해 있다.** 그런 의미에서 『뜨거운 양철지붕 위의 고양이』는 성공한 이미지를 품고 있다.

제목은 많은 것을 말해준다. 희곡을 읽기 전에 갈매기나 들오리에 대해 아는 게 없으면 『갈매기』나 『들오리』를 읽기 전에 그들에 대해 알아보는 게 좋다. 작가는 가끔 며칠, 또는 몇 달 동안 희곡에 무슨 이름을 붙일지 갈피를 잡지 못한다. 제목을 구성하는 단어들은 대본에서 가장 조심스럽게 선택한 단어들이다. **만일 제목이 이미지를 담고 있다면, 무엇을 담고 있는지 알아보자. 그리고 이미지가 희곡의 형태와 본질을 어떻게 떠오르게 하는지 알아내자.**

어떤 집에서는 오후나 저녁 일정한 시간에 모든 일을 멈추고 오직 아이들에게만 관심을 갖도록 일정을 조정하였다고 한다. 재미있는 이야기를 읽어주고 함께 게임을 하고 우유와 과자를 나누어 먹는다. 바로 아이들의 시간이었다. 건강하고 아름답고

천진난만한 시간이다. 헨리 와드워쓰 롱펠로는 다음과 같은 시를 남겼다.

내 귓가에 종소리가 들린다.
작은 발걸음 소리
문이 열리는 소리
부드럽고 달콤한 소리가 속삭인다.

내 서재에서 등불을 통해 보인다.
심각한 앨리스, 웃고있는 알제그라
금발을 자랑하는 에디스가
큰 거실의 계단을 내려온다.

속삭임, 그리고 나서 침묵
그러나 그들의 즐거운 눈빛을 알고 있다.
그들은 나를 놀래게 해 주려고
무슨 계획을 짜고 있는 걸 알고 있다.

릴리안 헨만이라는 미국 극작가는 그런 아이들의 즐거운 시간의 반응을 이용하여 놀랄만한 아이러니를 떠올리는 제목을 붙였다. 그녀의 희곡의 힘은 바로 그런 아이러니에서 탄생한다. 희곡의 제목은 『아이들의 시간』이다.

제목을 무시하지 말자. 『게임의 종말』, 『비소와 낡은 레이

스』, 『애쉬스 Ashes』, 『꿀맛』, 『생일파티』, 『태풍』 등등의 작품
은 제목이 열쇠를 쥐고 있다.

반복되는 이미지들

타이틀에 담겨 있지 않은 이미지들도 마찬가지로 중요할 수
있으며 희곡전편에 반복해서 나타남으로써 중요한 의미를 구축
하는 경우도 있다. 반복되는 이미지를 절대로 무시하지 말자.
달은 『한여름 밤의 꿈』의 제목에는 나타나지 않지만 연극의 첫
장면에서부터 마지막 장면에 이르기까지 몇 줄마다 나타난다.
심지어 제5막에서 한 등장인물은 달의 역할까지 맡는다. 달은
언제나 존재한다. 그러나 왜? 달의 이미지는 연극의 활동(내용)
에 대해 무엇을 말해주는가?

연장된 이미지에 대해서 대답 또한 길다. 그러나 하나의 명료
한 성질로 시작해 보자. 달빛의 본질은 무엇인가? 달은 빛을 던
지고 해와 같이 모든 것을 밝게 비추는가? 해와 같이 따뜻하고
편안한 것인가? 노란색인가? 아니다. 그것은 그 어느 것도 아니
다. 달빛은 날카로우면서도 은은하다. 달빛은 이상한 그림자를
드리운다. 달은 해처럼 사물의 진짜 모습을 드러내어 보여주지
않는다. 오히려 낮에 보던 사물을 다르게 보이도록 만들어 준
다. 달빛은 차갑고 아름다우며 가까이 하기가 어렵고, 매혹적이
며 동시에 겁을 주기도 한다. 달빛은 햇빛과 같지 않다. 노란색
이 아니다. 달의 이미지는 본성적인 이상함과 모양이 바뀌는 빛

에 의하여 환영, 변화, 부정확한 형식, 자연 등등을 연상시킨다.

그리하여 달의 이미지로 연상되는 것의 표면을 벗겨버리면 낭만, 미스터리, 마술, 두려움, 거리감, 광기, 또 그 이상의 것들이 다시 떠오르게 된다. 달의 이미지가 환기하는 것을 더 많이 보면 볼수록, 달이 그렇게 자유롭고 복잡하게 엮여져 있는 희곡을 더 잘 이해할 수 있을 것이다. 희곡을 읽고 달에 관한 모든 참고사항을 기록해 보자. 그러고 나서 그런 사항들이 우리들이 제각기 반응하는 방식에 있어서 얼마나 다채롭게 환기시키는 요소를 만드는지 살펴보자.

멍청한 독자는 달을 알아차리지 못해서 희곡을 읽을 때 어둠 속에서 헤맨다. 멍청한 연극인의『한여름 밤의 꿈』은 멍청한 공연이 된다. 달이 뜨지 않는『한여름 밤의 꿈』은 해가 없는 낮과 같고 별빛 없이 밤하늘을 헤매는 것과 같다.

『한여름 밤의 꿈』의 달처럼 중심적인 이미지이거나 또는 그보다 덜 중요한 이미지라도 자체가 가지고 있는 한계를 넘어서서 의사소통을 확장시킨다. 이미지는 우리가 정서적일 뿐 아니라 지적으로 반응할 수 있는 영역까지 소통을 이끌고 나간다. 이미지들은 사실적인 것과 개념적인 것의 영역을 넘어 연상을 이끌어 낸다. 또한 이미지는 우리가 대부분 독자적으로 반응을 하기 때문에 개인적이고 개별적인 의사소통을 제공한다. 이미지는 가장자리를 수놓는 장식이 아니라 묵직한 기본 원칙이다.

❑ **초점:** 이미지는 모르는 것을 설명하기 위해서 우리가 아는 어떤 것을 사용함을 의미한다. "마빈이 낙타처럼 걸어갔다"라고 할 때, 우리가 모르는 것(마빈이 걷는 방식)은 우리가 아는 것(낙타가 걷는 방식)으로 묘사된다. 이미지는 정의를 내리고 제한하기보다는 무엇인가를 떠올리게 만들고 확장시킨다. 이미지는 관객들에게 정확하게 똑같지 않은 연상을 불러일으킴으로써 독특하며 개인적인 의사소통 방식을 제공한다.

12. 주제
Theme

주제를 묻지 말자

야망, 복수, 사랑, 운명, 탐욕, 질투, 부모/자식, 정의, 믿음 등 등, 이 모두는 추상적인 개념들이다.

희곡의 주제는 '작품의 일부분이나 또는 전체에 관한' 추상 적 개념이다. 많은 작가들은 주제에 관하여 토론하기를 꺼린 다. 희곡작가에게 "당신은 무엇에 관해 희곡을 쓰셨습니까?"라 고 물으면, "보는데 두 시간 정도 걸리는 작품에 관해서 썼다" 고 할 것이다. 주제는 추상적 개념이지만, 작가는 구체적인 것 에 고민한다. 작가는 주제에 대해 질문하는 걸 싫어할 것이다. 또한 수많은 독자들은 시나 희곡을 외면하는데 시나 희곡을 읽 는 목적은 마치 그 의미하는 바를 찾아내야 한다고 배웠기 때 문이다. 시나 희곡의 의미는 마치 퍼즐이나 암호처럼 풀어야만

하고 시적 또는 드라마적 표현은 어떤 장애물을 해소하는 의사
소통처럼 여겨졌기 때문이다. 하지만 주목해도 좋은 인물 아치
발드 맥라이쉬 Archibald MacLeish는 『시론 Ars Poetica』에서 다
음과 같이 진술했다.

시는 무엇을 의미하지 않는다.
존재해야 한다.

시나 희곡의 주제를 탐구하는 일은 그 작품이 무엇을 의미하
는지를 발견하려는 노력이 아니다. 희곡은 무엇을 의미하지 않
는다. 희곡은 그 자체로 존재해야 한다. 예술적인 표현은 그 안
에 의미가 있고 또한 그 자체이다. 무엇을 번역하거나, 암호를
풀어내거나, 문제를 풀거나, 다른 무엇으로 계산되지도 않고 그
저 그 자체로 존재한다.

희곡의 어떤 요소들은 행동에 몹시 중요하거나 행동으로 야
기된 추상적인 화제일 수 있다. 『햄릿』의 주제 가운데 하나는
복수이다. 그렇다고 희곡의 목적이 복수를 연구하거나 시험하
거나 탐험하는 데 있다는 의미는 아니다. 단지 복수가 희곡의
행동에 의해 구체적으로 만들어진 추상적인 개념이라는 걸 의
미한다.

『맥베드』는 야망에 대한 논문이 아니다. 야망을 주제로 가진
작품일 뿐이다. 또 다른 주제는 권력이고 다른 주제는 죄의식이

다. 더 많은 주제가 있다.

『리어 왕』은 권력, 부모자식의 관계, 광기, 거기에 또 다른 무엇 등등의 주제를 가진 작품이다. 셰익스피어가 하나의 주제에만 매달려 있다고 본다면 작품의 풍성함을 외면하는 결과가 된다.

만일 작가가 대단한 비전과 깊이를 가지고 있다면 희곡의 주제는 중요하게 불쑥 드러날 것이다. 그렇지 않다면, 주제는 사상, 반영, 그리고 정서적 개입 등에 영향을 제공하지 않을 것이며 단지 소재로만 머물 뿐이다.

어떤 경우에도 **주제는 희곡이 의미하는 바가 아니며 주제의 표현이 희곡의 목적도 아니다.**

종종 주제를 가장 중요하게 여긴 나머지 더 거대하고 더 즉각적인 중요성을 지닌 요소를 무시하는 실수를 저지르는 경향을 발견하게 된다. 『리어 왕』의 주제는 구성이 명료해지기 전에는 제대로 파악되지 않는다. 첫 장면의 7행의 대사를 면밀하게 탐구하지 않으면 제1장을 왕국을 분할하는 경쟁정도로 생각할 것이고 그런 잘못은 희곡 전체를 아우르는 진정한 주제를 보지 못하게 만든다.

주제보다 행동이 먼저다

주제는 결과다. 주제는 제일 나중에 찾도록 하자. 우선 주의를 기울여 행동을 분석하자. 등장인물의 창조, 이미지 다른 구성요소들을 찾아내자. 그렇게 되면 주제는 스스로 드러날 것이다. 제1막 5장에서 유령이 끔찍한 이야기를 해줌으로써 햄릿을 몰고 가는 동기를 볼 수 있다면 복수의 주제는 놓칠 수 없다. 주제는 스스로 드러난다.

주제는 경험 위에 덧붙일 수 없다. 관객들에게 주제를 명백하게 알려 주려고 극장 로비의 벽에 글을 써 붙이거나 프로그램 표지에 강조를 한다면 희곡을 무대 위에서 살아있는 작품으로 만드는 데 실패할 것이다. 『사랑의 헛수고』의 프로그램에 실린 작은 하트, 『고도를 기다리며』의 바늘 없는 시계, 『오이디푸스 왕』의 끝이 하얀 지팡이 등등은 아무런 문제가 될 게 없지만, 그러한 것들이 희곡이 무엇인지를 관객에게 설명해 주기 위해 필요로 한다면, 마땅히 무대에 속해야 할 작업의 요소를 확신하지 못하고 있다는 얘기가 된다.

희곡을 분석적으로 읽을 때, 주제에 대한 조그만 표를 하나 만들어보자.

어떤 희곡은 많은 주제를 가지고 있을 것이다. 비록 모두가 똑같은 중요성을 지니고 있지 않겠지만 그 표는 희곡이 다루고 있는 추상적 개념에 대한 안내역할을 할 것이다. 그 주제들을 섞이게 할 필요는 없다. 주제를 찾기 위해서, 마치 관객과 희곡 사이를 가로막는 장벽을 허물려는 듯이 주제를 찾으려고 작품을 파헤침으로써 작품 자체에 대한 탐구를 생략하지 말아야 한다. 주제는 연극성에 의해서 전달되는 것이지 연극성을 포기한 대가로 전달되지는 않는다.

드라마를 철학으로 바꾸지도 말자. 『햄릿』이나 『오이디푸스 왕』에 정상적인 고등학생이 이해하지 못할 사상은 없다. 심사숙고하여 의미심장한 희곡을 단순하게 만드는 것은 어쩌면 자신을 기쁘게 할지 모르지만 많은 사람을 기쁘게 만들지 못한다.

행동, 또는 다른 중요한 연극적 요소를 통하지 않고도 주제를 찾아낸다면, 그 주제는 진정으로 작품 안에 들어있지 않는 주제일지도 모른다. 존재하지도 않는 것에 용기를 냄으로써 어떤 사람들은 공연에 있지도 않는 주제를 부각시키려 한다. 그런 희곡은 드라마를 이루고 있는 가장 기본적인 구성요소에서 파생되지도 않은 주제로 포장되어 뒤틀려 있을 뿐이다. 이 책의 과제야말로 바로 그런 기본적 구성요소를 알리는 일이다.

주제는 희곡의 핵심요소에 의해서만 표현될 수 있다. 행동, 등장인물, 이미지 등등이다. 숨겨진 미묘한 것들을 독자가 제멋대로 판단하는 일은 희곡을 희생시키는 일이며 작품을 빛나게 하지도 않는다. 이는 젊고 열정적인 연출가들을 힘들게 만들 것이다. 그들은 빈약하지만 섬세한 증거를 가지고 희곡에 아주 흥미 있는 주제를 부여하고 싶은 유혹을 견디지 못하기 때문이다.

주제는 반드시 희곡으로부터 나와야 한다. 그럴 기회를 준다면 틀림없이 그렇게 될 것이다. 그와 다른 방식으로는 작업이 이루어지지 않는다.

❑ **초점:** 주제는 희곡의 행동에 의해 구체화된 추상적인 개념이다. 주제는 의미가 아니다. 희곡 안에 담겨 있는 화젯거리다. 주제는 결과다. 주제는 대본을 분석함으로써 드러난다. 그러니 우선 희곡의 기초적 요소를 익숙하게 탐구한 다음에 희곡의 주제를 살펴보는 게 좋다.

제3부

작업의 비법들

13. 배경 정보
Background Information

평범함을 넘어가기

활용 가능한 모든 종류의 지식, 작가와 그 시대, 작품이 탄생한 예술적 상황 등등에 대한 배경지식은 쓸모가 있다. 가장 유용한 정보는 같은 작가의 다른 작품으로부터 나온다. 예를 들어, 『베니스의 상인』을 공연하면서 셰익스피어의 다른 작품들을 잘 모른다면 벨몬트와 베니스의 관계를 놓치게 되는 것이다. 그 관계는 『뜻대로 하세요』, 『한여름 밤의 꿈』, 『태풍』, 『베로나의 두 신사』 등 셰익스피어가 작가로 활동한 전 시기에 걸쳐 다양한 형태로 나타나는 만큼 분명한 것이다.

존 스타인벡의 『생쥐와 인간』을 공연할 경우에도 함정이 도사리고 있다. 작품에 나오는 노동자 합숙소의 사내들이 생각하는 것처럼 컬리의 처를 경박하고 품행이 단정하지 못한 여자로 만들어 버리기 쉽다. 그 노동자 합숙소의 사내들처럼 무감각하고 독서를 하지 않는 연출가들이, 믿기는 하지만 어딘가 불편해하는 자신처럼 똑같이 독서를 하지 않는 여배우를 그러한 함정으로 몰아넣는 것이다. 스타인벡의 소설을 몇 편만 읽어보면 그의 모든 작품의 중심을 이루고 있는 인간에 대한 그의 이해를 발견할 수 있다. 컬리의 처는 건초더미에서 배역 하나를 얻으려고 처신을 함부로 하는 천한 여자가 아니다. 그 여자는 오직 자신이 알고 있는 유일한 방식으로 자신과 함께 해 줄 사람을 찾고 있는 외로운 여자에 불과하다.

만일 탁월함과 고상함을 사랑하는 예술가라면, 선택한 작가가 쓴 모든 작품을 다 읽어 보자. 이왕이면 조금 더 투자하라. 돌멩이 한 개라도 다 들춰보아야 한다. 그 밑에 깨달음의 보물이 숨겨져 있는지 어찌 알겠는가? 엄청난 노력이 필요한 일이며, 어디에도 감시하며 강요하는 사람이 있는 것도 아니다. 하지만 '효율적'이 되기 위해서, 수고를 아껴가면서 평범함을 목표로 삼는 게 창작에 무슨 소용이 되겠는가?

14. 희곡작가를 존중하라
Trusting the Playwright

일단 작가를 믿자

대본에 들어 있는 것은 뭐든지 쓸모가 있다고 가정하자. 작가는 무엇인지를 알고 있다고 믿자. 만일 어떤 대본을 무대에 올릴 만하다고 믿는다면 그 작가 또한 믿어주자. 뭔가 어려움에 봉착했다고 해서 작품을 고치거나 잘라버린다면 뭔가 중요한 것을 놓칠 수 있다.

『햄릿』의 제2막의 첫 75행은 의미 없는 것 같아서 잘려나가는 경우가 많다. 그러나 '~같아서'를 아예 모르는 게 낫다. 셰익스피어는 자신이 해야 할 일이 무엇인지 잘 알고 있다고 가정하자. 자주 잘려나가는 그 부분은 유령이 자신이 살해당한 경위를 이야기하는 제1막 5장 바로 다음에 이어지는데, 여기서 폴로니어스가 레이날도에게 파리에 가 있는 레어티스를 염탐하는

법을 가르쳐주고 있다.(제2막 1장)

많은 연출가들이 너무도 쉽게 이 부분에서 핵심을 찾기를 포기한다. 레이날도는 그 장면을 제외하고는 전혀 등장하지 않기 때문에, 셰익스피어가 신세 진 실직한 친구를 위해 그 장면을 썼다고들 생각할지 모른다. 그래서 그 장면을 공연을 올리기 전에 삭제한다. 생략의 결과는 치명적이다.

그 부분이 없으면 폴로니어스는 그저 비틀거리며 걸어다니는, 아무런 해도 끼치지 않는 늙은 바보에 불과하다. 레이날도 장면의 중요성을 놓쳐버린 독자 대부분은 폴로니어스를 늙은 바보라는데 의문을 품지 않는다. 그러나 셰익스피어가 공을 들여 만든 75행의 대사는 그가 정보 전문가이며 냉혹한 스파이라는 사실을 드러내 준다. 가끔 쓸데없는 소리를 지껄여대는 경우도 있지만 그는 능력있고 영리하며 진지하게 의지해야 하며 잘 활용해야 할 권력의 실세인 것이다.

햄릿은 결국 폴로니어스를 죽인다. 죽은 자는 아무런 해를 끼치지 않는 늙은 바보인가, 아니면 음모를 꾸미는 정보 책임자인가? 앞의 사람이라면 햄릿이 그가 죽은 걸 기뻐할 때 관객은 떨떠름한 반응을 보일 것이다.

대본을 삭제하거나 고쳐야 하는 정당한 이유는 존재한다. 그러나 문제가 고치는 사람에게 있지 않도록 주의하자. 부주의한 삭제가 가져오는 위험을 피하기 위하여 『햄릿』 안에 들어있는 첩보전의 양상을 파악하여야 한다. 첩보작전의 모든 사례를 골

라내자. 비록 알아차리는 독자는 얼마 되지 않겠지만, 첩보활동
은 이 작품에서 가장 흔한 활동이다. 거의 모든 등장인물이 염
탐을 한다. 심지어 유령도 그렇다. 그러니 그 75행을 자르기 전
에 다시 생각해보자. 작품의 성공여부는 고치는 사람의 손에 달
려 있기보다도 잘려 나갈지도 모를 내용에 달려 있을지도 모르
니 말이다.

15. 가족들
Families

관습, 양식, 정책, 법률, 취향 등 거의 모든 것들은 세대와 시대가 지남에 따라 변화한다. 그러나 가족처럼 누구나 친밀하게 아는 관계는 거의 변하지 않는다. 가족과 조금이라도 비슷한 관계를 지닌 환경에서 성장한 사람이라면 단지 정상적이고 친밀한 가족 관계를 검토함으로써 어떤 희곡에서도 발견할 수 있는 가족에 얽힌 인간관계를 쉽게 이해할 수 있을 것이다.

『햄릿』은 가장 중요한 차원에서 아들과 아버지, 어머니, 여자친구, 삼촌에 대한 이야기이다. 『리어 왕』은 아버지와 세 딸, 그리고 다른 아버지와 두 아들에 대한 얘기다. 아버지, 아들, 어머니, 딸들에 관해 자신이 알고 있는 경험으로 희곡을 이해해 보자. 희곡에 담긴 역동성을 자신의 가족이 사는 집으로 가져 올 수 있을 것이다. 『오이디푸스 왕』과 같은 희곡을 이해하기 위하여 고대 그리스 윤리나 도덕에 대한 이해보다는 아내에 대한 남편의 사랑, 어머니와 아버지에 대한 자식의 사랑을 이해하는 편이 훨씬 낫다.

관객에게도 마찬가지이다. 관객도 이 세상에서 벌어지는 어떤 인간관계보다도 가족의 관계를 가장 잘 이해한다. 『리어 왕』이 그저 어떤 왕과 세 공주에 관한 이야기라면 관객에게 그다지 정서적 영향을 주지 못할 것이다.

가족 관계는 거의 모든 희곡의 중심에 놓여 있거나 바로 그 옆 가까이에 놓여 있다. 희곡을 제대로 이해하고 관객들을 희곡에 가까이 끌어 줄 탁월한 수단을 무시하지 말자.

16. 무드, 분위기
Mood, Atmosphere

디자이너들이 기분이나 무드를 만드는 데 한몫을 하기 때문에 희곡에서 분위기만을 떠올리며 읽으라고 조장할 수 있다. 이보다 더 나쁜 것은 찾아보기 힘들다.

인생과 마찬가지로 희곡은 아주 구체적인 것들로 구성된다. 분위기는 일반화된 결과일 뿐이며 아주 구체적인 것들의 결과로 나타난다. 구체적인 것을 찾아내면 분위기는 표면으로 드러나게 될 것이다. 분위기로 시작하면 구체적인 것은 영원히 묻혀버리고 말 것이다.

분위기를 의미하는 무드 mood의 단어를 거꾸로 써보자.6)

네 시간짜리 우울한 『햄릿』은 희곡을 기분과 분위기로(mood

....
6) mood를 거꾸로 쓰면 doom[파멸]이 된다. (역주)

and atmosphere) 읽었을 때 파생한다. 아무리 예술이라고 해도 그러한 지루함을 원하는 관객은 없는 법이다.

17. 독특한 요인
The Unique Factor

　희곡작가들은 인물을 창조할 때 제 인생에서 다른 날과 똑같은 하루를 살아가는 인물을 만들지 않는다. 항상은 아니지만 종종 희곡의 앞부분에서 무언가 일상적이지 않은 일이 일어난다. 평범하지 않은 일로 일반적인 사건을 전환시켜버리는데 그 다음부터 희곡은 영향을 받는다.

　『햄릿』에서 독특한 요인은 아주 쉽게 드러난다. 그 전에는 결코 나타난 적이 없던 유령이 나타나서 역시 전에는 전혀 일어나지 않았던 사건을 일으키게 만든다. 『오이디푸스 왕』에서는 역병이 참을 수 없는 지경에 이른다. 그러나 『따르뛰프』의 독특한 요인은 그렇게 분명해 보이지 않는다. 따르뛰프가 그 집에서 식구 대접을 받으며 오래 살고 있었기 때문에 그의 존재가 독특한 요인이라고 할 수 없다. 독특한 요인은 따르뛰프가 어떤 특정한 시간에 행하는 일로서 구체적으로 이를 찾아내야 한다. 『고도를 기다리며』의 독특한 요인은 미묘해서 거의 눈에 띄지 않지만 분명히 존재한다. 그것을 찾아낼 수 없는 연출자는 제2막을 제1막과 다르게 연출할 수 없다.

독특한 요인은 사건의 결합일 수도 있고, 지금껏 지속되어 왔지만 인내의 한계를 넘어 버리게 만드는 마지막 부담이 될 수도 있다.

보통 독특한 요인은 균형 상태를 깨뜨리는 방해와 연결되어 있다. (제4장을 참조) 독특한 요인과 방해, 두 가지는 『햄릿』에서처럼 일치할 수도 있지만 그렇지 않을 수도 있다. 『리어 왕』의 독특한 요인은 리어 왕이 전에는 왕국을 나눠 본 적이 결코 없다는 사실이겠지만, 방해요인은 코딜리어가 "아닙니다 아바마마!"하고 거절하는 것이다.

독특한 요인은 희곡의 사건이 어째서 어제나 지난 주나 내년이 아니라 바로 어느 특정한 날에 벌어져야만 하는지를 드러낸다. 독특한 요인으로 말미암아 희곡의 행동은 알맞은 때에 구체화되는 것이다.

실제의 삶을 진짜로 보이게 해 주는 이유는 사람들이 늘 특정한 현재의 순간을 살고 있다는 인식을 자각하고 있기 때문이다. 가장 일상적인 활동을 반복하더라도 사람들은 한 순간을 다른 순간과 분명히 다른 것으로 다루고 싶어 한다. **인간은 현재, 그 순간에 집중한다.** 무대 위에서 살아가는 삶도 바로 그와 같은 자질을 지닌 구체적인 현재의 순간이어야 한다. 그렇게 하지 않으면 인생은 불완전하며 모호하고 일반적이며 비현실적으로 보일 것이다. 무엇이 희곡의 삶을 그 순간에 구체적으로 만들어 주는지, 왜 행동이 독특한지를 알아야 한다.

18. 변하는 시대
Changing Eras

햄릿은 왜 덴마크 왕자인가

희곡작가는 제 아무리 위대한 작가라 할지라도 모든 시대를 통괄하는 작품을 쓰지는 않는다. 작가는 어느 특정시대에 살고 있는 특정한 관객을 대상으로 글을 쓴다. 어떤 작품은 세월이 흘러도 다른 세대에게 가치를 인정받는 경우도 있지만 작가가 우선 대상으로 삼은 관객이 아닌 다른 시대의 관객에게는 문제가 생길 수도 있다.

예를 들면, 20세기 현대인은 『햄릿』을 엘리자베스 시대 영국을 배경으로 하여 영국 사람처럼 연기하고 엘리자베스 시대의 의상을 입는 등장인물이 나와야 하는 것으로 판단하는 게 보통이다. 그러나 셰익스피어는 1601년 당시 런던 관객이 덴마크 사람들에게 특별한 생각과 정서를 갖고 있다는 점에 주목하여 연극의 배경을 덴마크로 설정하였다. 현대인들은 당시 런던 관객의 생각과 정서를 갖고 있지 않을 뿐더러 그러한 생각이나 정서가 있었다는 사실조차도 모를 것이다.

1601년 당시 셰익스피어 시대의 런던 사람들은 덴마크를 전쟁만 일으키고 피에 굶주린 야만인들이 사는 끔찍한 나라로 생각하는 경향이 있었다. 런던 사람들은 수 세기 전에 덴마크 사람들이 테임즈 강을 거슬러 올라와 런던 다리를 불질러버린 역사적 사실을 알고 있었다. (바로 여기서 "런던 다리 무너지네, London Bridge Is Falling Down"라는 동요가 유래되었다.) 16세기에도 덴마크 사람들은 영국 해안에 자주 침범하여 외진 마을을 공격하여 살인, 강간, 노략질을 하고는 바다로 사라지곤 했다. 엘리자베스 시대의 영국 사람들에게 덴마크는 파괴와 원시적 폭력과 공포를 의미했다.

셰익스피어는 바로 그러한 세계 속에 햄릿을 등장시킨다. 희곡의 가장 중요한 갈등이 분명해진다. 자기 성찰적이고 심사숙고하는 사고를 가진 사내와 충동적이고 독단적 폭력성이 존재하는 사회의 대립이 드러난다. 이러한 갈등은 우울증에 대한 현대 심리학 이론을 빌려올 필요도 없이 햄릿이 행동을 신속하게 실천하지 못하는 이유를 일부나마 설명해 준다.

처음으로 이 작품을 공연한 지 약 백년이 지나고 나서야 햄릿이 행동을 하지 못하는 인물이라는 주장이 나타나기 시작한 것은 어쩌면 나름대로 이유가 있을지도 모른다. 왜냐하면 그 시기부터 덴마크를 피비린내 나고 폭력적인 나라라고 생각하던 영국 사람들의 관점이 사라지기 시작했기 때문이다.

우리와 다른 시간과 공간을 배경으로 하는 희곡을 읽거나 공연을 준비할 때 **그 희곡에 비춰진 세상에 대하여 당시의 관객이 어떤 사고와 정서를 갖고 있었는지를 고려해보자.** 연구 과정은 많은 노력이 필요하겠지만 노력으로 얻게 되는 결과는 수고한 대가를 충분히 갚고도 남을 것이다.

희곡의 배경과 관객의 시대

희곡의 배경(예를 들어, 덴마크)과 공연의 첫 관객이 살고 있던 공간(1601년의 런던)을 혼동하지 말자. 대부분 두 공간 사이에 공통점보다는 다른 점이 더 많고 아예 반대의 성격을 지니는 경우도 있다. 『오이디푸스 왕』의 배경은 위엄이 서려 있고 문명이 발달한 고대 아테네가 아니다. 이 작품의 무대 배경은 대칭적이고 건축적으로 깨끗하고 균형적이어서는 안 되며, 의상은 기원전 5세기 고대 그리스의 황금시대를 반영해서는 곤란하다. 『오이디푸스 왕』은 고대도시 아티카 문명을 배경으로도 삼지도 않는다. 소포클레스는 배경을 고대 테베로 설정하였고 시대는 기원전 5세기보다도 훨씬 앞이다. 소포클레스 시대의 아테네 관객은 고대 테베를 바라보는 관점이 정해져 있었다. 테베는 이미 오래 지나가버린 시대의 원시적 잔재를 간직한 곳으로 당시의 '현대' 아테네만큼 계몽적이지 못한 과거 시대의 상징이었다. 이렇게 아테네와 고대 테베의 차이는 희곡 전체의 행동을 파악하는 데 큰 도움이 될 수 있다.

경우에 따라서는 원래 희곡에서는 불필요한 요소들을 추가로 설명해 주어야 할 일도 일어난다. 당시 아테네 사람이면 당연히 알고 있는 고대 테베에 관한 정보를 오늘의 관객에게 제공해야 할지도 모른다. 따라서 훌륭한 의상디자인과 무대디자인이 믿음직스러운 공연의 초석을 제공하게 되는 것이다.

희곡의 세계에 대한 관객 반응은 시대에 따라 변하는 것이 보통이다. 변화에 맞추어 적응하지 않으면 희곡의 의미를 통째로 잃어버릴지도 모른다. 『햄릿』을 품위 있는 영국 왕실을 배경으로 설정하는 것만큼 작품을 망칠 더 쉬운 방법은 없을 것이다. 셰익스피어의 공연은 당대의 관객이 덴마크 사람에게 갖는 뚜렷한 성향과 인식을 동원했기에 영국적이다. 하지만 현대의 관객은 그런 성향과 인식을 갖고 있지 않다.

19. 절정
Climax

희곡 후반부에 가면 갈등하는 중요한 세력이 크게 맞붙는 대목이 있다. 절대 절명의 싸움은 균형상태를 회복하는 결과를 낳는다. 균형상태는 희곡이 시작할 때의 상태이거나 또는 새로운 상태일 수 있다.

독자들 대부분은 희곡을 전체의 흐름으로 파악하는 걸 좋다고 생각한다. 처음부터 천천히 한 단계 한 단계 밟아가며 클라이맥스라고 부르는 충돌의 정점으로 치닫다가 그 지점을 지나는 순간부터 마지막 균형을 이루는 장면에서 신속하고 깔끔하게 마무리되는 흐름을 좋아한다.

20. 첫 장면과 마지막 장면
Beginnings, Endings

　모든 희곡의 마지막 장면은(클라이맥스와 막내림 사이의 장면)은 다른 연극의 시작이 될 수 있는 대목이다. 마지막 장면은 균형상태로 되돌아오며 희곡의 첫 장면은 언제나 균형 상태(stasis)에서 시작한다. 마찬가지로 모든 연극의 첫 장면은 다른 연극의 마지막 장면이 될 수도 있다. 『햄릿』을 시작하는 첫 장면, 첫 번째 균형상태로 끝나는 연극을 상상해 볼 수도 있다. 『오이디푸스 왕』의 마지막 장면 역시 소포클레스가 수년 후에 썼던 다른 희곡의 첫 장면과 실제로 비슷하다.

　어떤 희곡의 첫 장면을 보고 그 장면에 도달하기까지 전개되는 가상의 희곡을 상상해 낼 수 있을 것이다. 마찬가지로 한 희곡의 마지막 장면에서부터 시작하는 다른 희곡도 상상해 볼 수 있을 것이다. 이는 희곡분석에서 행동의 연구범위를 일련의 사

건의 범주에서 벗어나 더 넓은 세계로 넓혀 주는 데 도움을 줄
것이다.

21. 읽고 또 읽기

Reading

희곡을 단 한 번 읽는 것은 어떤 흔적도 남기지 못한다. 이제 이 책의 독자들은 희곡을 읽는 분석적 기술을 이해했으므로 희곡 공부는 희곡을 여러 번 반복해서 읽어야 한다는 점을 절실하게 깨달았을 것이다. 희곡을 한두 번 정도 읽은 수준을 가지고 연습 첫날이나 또는 디자인 제작회의에 들어가지 말자. 비유하자면 자동차는 미끄러져서 절벽으로 굴러가고 있는데 그제야 빙판길 운전법을 배우려는 자세와 같다.

대본에 있는 내용은 소리를 내어 읽도록 되어 있는 작품이다. 연습 첫날 전에, 또한 디자인 제작회의에 들어가기 전에 희곡을 여러 차례 소리내어 읽어 보자.

22. 다음 목표?

What Next?

희곡을 분석적으로 읽는 방법을 터득하여 세밀하고 실천적인 깨달음을 얻었다면 이제 다음에는 무엇을 해야 할까?

희곡읽기에서 터득한 모든 것들과 심혈을 기울여 습득한 연극적 지식과 기술을 총동원하여 관객에게 솜씨를 보여주자. 『리어 왕』의 첫 장면이 공식적 경쟁대회가 아니라 공개적인 의전적 절차라고 한다면 그 장소가 어떻게 보여야 하는지 무엇을 입어야 하는지 이미 파악하고 있을 것이다.

『햄릿』제1막 5장에서 유령을 맡은 배우는 햄릿과 관객이 한통속이 되어 간절히 유령의 말을 듣기 위해 완벽한 집중을 해줄 것이기 때문에 작게 속삭여도 된다는 점을 잘 알고 있을 것이다.

희곡 분석을 솜씨 있게 마친 연출가는 『오이디푸스 왕』에서 희곡의 행동이 역병에 의해 시작되었다는 것을 알고 있기 때문에 살인자가 밝혀져야 역병이 끝난다는 사실을 잊지 않을 것이다. 그래서 연출가는 공연의 초점을 놓치지 않을 것이고 관객 또한 초점을 파악하고 놓치지 않을 것이다.

희곡을 제대로 읽어낼 수 있어서, 작가가 제공하는 분석의 도구나 장치, 방법 등의 이점이나 또는 안고 가야할 부담마저도 밝혀낼 수 있다면 이제는 자신이 쌓아온 연극적 훈련과 기술과 경험, 재능 모두를 공연에 적용할 준비가 되었다고 볼 수 있다. 만일 다른 방법으로 공연에 접근을 한다면 원군을 잃게 된다. 희곡을 무대에 올리고 싶을 정도로 감동을 주었던 작가의 힘을 상실하게 되는 것이다.

희곡을 좋은 연장으로 생각하자. 연장을 집어 들기 전에 날이 선 곳은 어디고, 손잡이는 어떻게 잡는지를 살펴볼 것이다. 연장을 살피지 않고 일을 시작하다가는 다칠지 모른다.

희곡을 제대로 읽는 작업이 최우선이다. 희곡을 앞으로도 읽고 뒤로도 읽고 뒤적거리면서 여러 번 읽어 보자. 미련한 독자는 희곡읽기를 제일 나중으로 미룬다.

역자 후기

예술가들은 설득력을 지니고 싶어한다. 그리스 신화에 나오는 트로이 공주 카산드라의 비극은 설득력이 떨어진 자의 고통을 말해준다. 트로이의 멸망을 예언하고 경고해도 아폴로가 그녀의 혀에서 설득력을 빼앗아 버렸기 때문에 아무도 말을 듣지 않는다. 설득력이 없는 연출가, 배우, 디자이너, 작가는 카산드라의 신세와 같다. 희곡을 제대로 읽는 방법을 터득하는 일은 설득력을 얻는 일이다. 모든 설정은 희곡의 내용과 표현에 근거할 때 설득력을 가진다. 이 책은 그런 설득력을 얻을 수 있는 구체적인 방법을 제시한다는 점에서 소중하다.

연극을 공부할 때, 가르칠 때, 작품을 연출하고 작품을 구상할 때 데이비드 볼 교수의 명쾌한 저서에서 많은 도움을 받았다. 아마 나와 함께 이 책을 가지고 공부를 한 전공자들도 같은 마음을 가졌을 것이다. 더 많은 독자에게 그와 같은 고마움을 나누고 싶어서 번역을 하게 되었다. 수년 동안 나와 함께 공부하며 책을 읽고 토론을 함께 나눈 한국예술종합학교 연극원 대학원생, 서울대학교 공연예술협동과정 대학원생들과 출간의 기쁨을 함께 나누고 싶다. 아울러 어려운 여건에도 불구하고 늘 필요한 책을 만들어 주는 연극과인간 편집부, 박성복 사장님께 감사드린다.

2007년 2월

정릉에서

김 석 만

통쾌한 희곡의 분석

1판 1쇄 발행 2007년 2월 28일
2판 2쇄 발행 2021년 1월 29일

지은이 데이비드 볼 옮긴이 김석만 펴낸이 박성복
펴낸곳 도서출판 연극과인간
등록번호 제6-0480호 등록일 2000. 2. 7.
주소 01047 서울특별시 강북구 노해로25길 61
대표전화 (02) 912-5000 팩스 (02) 900-5036
e-mail worinnet@hanmail.net homepage http://www.worin.net
배포처 도서출판 월인(912-5000)

ISBN 978-89-5786-731-0 93680

☞ 값은 뒤표지에 있습니다.